U0891623

那吉

梁水长　主编

群言出版社
QUNYAN PRESS
·北京·

图书在版编目（CIP）数据

那吉 / 梁水长主编 .-- 北京：群言出版社，2020.9

ISBN 978-7-5193-0603-8

Ⅰ. ①那… Ⅱ. ①梁… Ⅲ. ①壮族—民族文化—研究—中国 Ⅳ. ①K281.8

中国版本图书馆 CIP 数据核字（2020）第 143151 号

责任编辑：谭　伟　曾庆睿
封面设计：逸品书装设计

出版发行：群言出版社
地　　址：北京市东城区东厂胡同北巷 1 号（100006）
网　　址：www.qypublish.com（官网书城）
电子信箱：qunyancbs@126.com
联系电话：010-65267783　65263836
经　　销：全国新华书店

印　　刷：北京柏力行彩印有限公司
版　　次：2020 年 10 月第 1 版　2020 年 10 月第 1 次印刷
开　　本：710mm × 1000mm　1/16
印　　张：12.75　彩插 24
字　　数：166 千字
书　　号：ISBN 978-7-5193-0603-8
定　　价：48.00 元

茶场之春

图片来源：冯惠茜

古村农妇

图片来源：李渊深

花海世界
图片来源：李渊深

金山温泉
图片来源：李渊深

又是满满的一筐
图片来源：李渊深

大人山吊钟花

图片来源：梁水长

清湾革命老区公园

图片来源：梁水长

谭角村委会

图片来源：梁水长

全国最美森林小镇 100 例

图片来源：那吉镇办公室

大番薯遇上腊鸭鱼仔节

图片来源：那吉镇办公室

乡村特产

图片来源：冯凤丹

丰收

图片来源：冯惠茜

晒腊时节

图片来源：冯惠茜

高塘村景

图片来源：梁水长

那吉中心小学

图片来源：梁水长

聂村南武岗

图片来源：梁水长

牛岗山原始人遗址

图片来源：梁水长

农家乐

图片来源：梁水长

石头村

图片来源：梁水长

石头村村场

图片来源：梁水长

石头村巷道

图片来源：梁水长

长塘村与鸭颈村景

图片来源：梁水长

长塘村景

图片来源：梁水长

龙泉

图片来源：那吉镇办公室

勤劳

图片来源：吴千风

乡路遥遥——回龙村草堆

图片来源：梁水长

物美价廉

图片来源：许春阳

镇乡村振兴示范点——高塘村

图片来源：那吉镇办公室

凤凰沟八脸岭“小富士山”风景

图片来源：梁水长

凤凰沟上洒湖

图片来源：梁水长

牛塘山风景

图片来源：梁水长

牛塘山鸟瞰石头村

图片来源：梁水长

仙人塞海风景

图片来源：梁水长

仙人塞海风景之波光潋滟
图片来源：梁水长

仙人塞海风景之快乐公主
图片来源：梁水长

仙人塞海风景

图片来源：梁水长

仙人塞海风景之美人鱼

图片来源：梁水长

仙人塞海风景之瀑布飞飘生平静

图片来源：梁水长

仙人寨海风景之七仙沐浴处

图片来源：梁水长

牧牛曲

图片来源：梁国凡

春归消息觅小溪——那北山村

图片来源：梁水长

大人山风景

图片来源：梁水长

大人山禾雀花。落叶不知流水意，还是小鸟振紫羽，青藤不老无风景，流水声中生平静。

图片来源：梁水长

东坑风景

图片来源：梁水长

狗头山禾雀花开

图片来源：梁水长

那吉圩街景

图片来源：梁水长

石湾河小景

图片来源：梁水长

乡村小景——清清白白有好梦

图片来源：梁水长

黄角秋收图

图片来源：许春阳

群鸭戏水

图片来源：许春阳

绿水青山七星坑

图片来源：郑伟稂

七星坑保护区

图片来源：郑伟稂

目录

概 述

那吉镇地处广东省恩平市西南部，邻近阳江市的阳东县和阳春市，东与大槐镇接壤，南与阳江市阳东县田畔镇毗邻，西与阳江市阳东县大八镇相连，北与河排林场相邻，面积 260 平方千米。那吉镇驻那吉圩安宁街。距恩城中心城区 22 公里，距深茂铁路恩平站 30 公里，距沈海高速开阳段大槐出口仅 8 公里，距国道 G325 线 11 公里，县道 X535 大合线贯穿全境，交通便捷。全镇总面积 194 平方公里，属恩平市革命老区之一，全镇户籍人口 2 万多人，下辖那吉圩和那北、黄角、沙河、七星塘、那西、潭角、大莲七个自然村。

“那”是古代西南少数民族对种植水稻地方的特称。又因为此地耕种水稻可引用山水自然灌溉，能解决温饱，视为“吉”，故称“那吉”。崇祯九年（1636），《恩平县志》记载有“那吉圩”，地图标示有“那吉垌”。后境内小河沿称那吉河。明、清时那吉属德行都。清乾隆三十一年（1766），那吉属德行都（恩平设 7 个都）；清光绪末年，属恩平第 10 区，称“那吉堡”；民国二十二年（1933），属恩平市第 10 区，称“那吉乡”；新中国成立后，属恩平第 10 区；1957 年，撤区设那吉乡；1958 年，成立那吉人民公社；1984 年，设区；1986 年，设镇，称“那吉镇”；2005 年，清湾综合场并入那吉镇，至今仍称那吉镇。

从地名专名来看，那吉镇辖内居民点具有以下特征：以自然地理实体命名，如潭角，因该村处于这条河的转角潭，故名；以地理位置和地形命名，如那北，因办公地点在那吉圩偏北方向，故名；以自然景象命名，如七星塘，因村子地势低如水塘，西北方向又有七座圆弧排列的小山丘，形似七朵莲花，故名；以祥瑞、希冀命名，如大莲，原五乡和坪塘两村委会合并，意为“大联合”，因“联”与“莲”谐音，“莲”字寓意充满生机，故名。

那吉镇地势西高东低，属半山区，地处亚热带气候，高温多雨。年均温度23摄氏度，土壤中硒含量达0.8mg/kg，属富硒地区。镇内空气清新怡人，自然禀赋得天独厚，生态环境优势明显。全镇森林覆盖率达71.24%，是江门地区森林覆盖率最高的镇之一，是恩平市温泉旅游的发源地，又是广东省首批森林小镇示范镇之一，2018年入选“全国最美森林小镇100例”。

那吉镇凭借得天独厚的地热资源，开发了目前唯一一座地热国家地质公园，被誉为“天下第二泉”的国家4A级旅游区——金山温泉度假区。拥有600多年历史的古村落建筑云礼石头村和珠三角唯一的原始次生林——七星坑省级自然保护区也坐落于此。此外，风景秀美的潭江源，鬼斧神工的仙人塞海，带有神秘色彩的大肚老婆山金矿遗址、岭背山遗址等资源都将成为那吉下一步发展旅游的着力点。

那吉镇的旅游资源十分丰富，大致可以分为十个板块。

神秘的七星坑原始森林

七星坑自然保护区是珠三角唯一的原始森林自然保护区，横亘于天露山脉南端，最高点为烂头岭，海拔1014.8米。保护区西部、南部与阳东县交界，北部与阳春市为邻，东部与那吉镇和国营河排林场接壤，总面积110万平方公里，是珠三角面积最大的原始次生林。林内动植物资源丰富，主要保护对象为原生性的南亚热带常绿季雨林、南亚热带常绿阔叶林、国家重点保护野生动植物及水资源。已鉴定的植物种类有 735 种，其中 13 种是国家或省级划定的保护植物，如桫椤、白桂木、红椿木、巴戟、圆粒荷、吊皮锥、野茶树等。动物约有 140 种。

中国首个温泉之乡——金山温泉度假村

中国首个温泉之乡——金山温泉旅游度假村是国家 4A 级旅游区和全国“青年文明号”单位，有广东省境内最具代表性的天然露天温泉——号称“天下第二泉”的金山温泉。度假村交通方便，距 325 国道、沈海高速开阳段仅 8 公里，绿化覆盖率 88% 以上，现已建成一个集温泉地热科普宣传、理疗保健、休闲旅游、会议接待、风味饮食等多种功能为一体的温泉旅游度假胜地。

度假村主要地属那吉圩，周边有七星塘村、那北村、谭角村。金山温泉乐园是本景区的核心，基础好，温泉充足，大体上已经有规划，已经营，但还需要升级打造加新型开发，改变策划和经营理念，深挖温泉文化，打造各种文化节，重新布局那吉圩与周边村落的温泉发展战略，以形成规模和文化性，从生产和生活角度满足当地人民的需要。

山高云礼石头村

石头村（原名云礼村）东距 325 国道（广湛公路和开阳高速公路大槐出口）11 公里，距金山温泉度假村 3 公里，从恩城市区向西南驱车 25 公里即可抵达。该村始建于明朝洪武年间，占地面积约 200 亩，依山而建，布局合理，以别具一格的石头古建筑著称，房子、道路、塘基、水渠、围墙等都是用石头筑成的，形成独特的乡土人文景观。这一带曾发现 4500 多年前人类所使用的生产工具的石器，也发现唐代中期少数民族活动过的遗迹。

石头村，范围包括那吉七星塘村，从那吉圩顶山竹朗村附近进入景区，整个那西峒，山川秀美，一村一品，主要突出乡愁引动农耕文化的主题。景物风情特别典型有味道，处处可以拍照创作，有至多的美丽体验。其中有几个很美、很有内涵、很有意义的景点，如石头村、牛塘山石头公园、刀耕火种的石头梯田——隐藏在森林中古代农耕特质的那文化，会让人感怀、抒情，心灵得到一次美好的洗礼，引发游客的思想情感走向新美的境界。

仙人塞海天下奇

仙人塞海是一条长达 5 公里，布满壮观七彩奇石的神奇峡谷。峡谷中的奇石，有的蜡黄色，有的淡绿色，有的浅蓝色，有的咖啡色，有的多种颜色兼而有之，把整条河谷装点得五彩缤纷。有些地方的花岗岩基面，经历数百年的雨水冲刷，形成大小不一、形状各异、深深浅浅的石洞。

淘金乡——大肚老婆山

金山，本地人叫大肚老婆山，位于恩平市那吉镇西南约 500 米的大莲村委会莲塘村，面积约 1.8 平方公里，山高约 200 米，曾是一小型金矿，享誉盛名的金山温泉即得名于此山。“大肚老婆”意为孕妇，说圆圆的山体，形如孕妇的肚子，也暗指这是一座永不枯竭的“金矿”，源源不断的金子就像一个个新生命的诞生。据记载，大肚老婆山于民国二十三年（1934）被当地群众首次发现可以淘到金子，至今已有近百年的开采历史。经过近百年的开采，该金矿留下 300 多个大小不一的矿坑和矿洞，也留下了许多美丽传说。

自古以来，当地的人们多有淘金致富的梦想，许多人都能实现。据说有人在山上、田里、小溪里拾到金蛋，杀鸭子竟然在肚里淘到黄金，还曾有穷人家因为好运捡到金蛋建大屋娶媳妇，甚至听说有人解手都撞出金蛋。人们说曾经这里有过大规模的开发，但因为战乱发生，许多金矿矿洞被埋没，矿井下留存着许多挖出的黄金，还有一大批工具都来不及搬出。关于淘金乡的传说故事非常多，置身其中，你也会迎来好运。

清湾与黄角

这是一个自然风光和人文底蕴十分丰富的美丽地方。

清湾，是一个亮丽而神秘的名字。从前有条清澈见底的小河出自遥远的七星坑森林，蜿蜒流向锦江，成为恩平的母亲河。这里有恩平的最高峰烂头岭，海拔 1014 米，景色优美，还有七星坑森林保护区、河排森林公园、锦江水库和黄角圩。清湾河尾村、洒河村，湖光山色让人迷醉。凡有风景的地方都藏有神秘的故事与传说，革命老区公园带领人们走进那战火纷飞的年代，去了解清湾人民是怎样创建革命根据地，又是如何与敌人浴血奋战，许多可歌可泣的英雄故事一定让人感动。动人的战争传说展演着那吉人民热爱河山的情怀，而这里到处流淌着的自然韵美，每一道山山沟沟蕴藏着的奇石异景，又吸引人们寻胜觅宝。

黄角峒群山环抱，山川秀美，充满天地灵气。森林资源丰富，矿产多种多样，尤以陶瓷泥储量巨大。这一带人们世世代代靠山吃山，过着富裕安康的生活。这里有恩平海拔最高的山村茅坪村，还有传说香火灵验的黄大仙庙。

诗湾田园——石湾乡

此处两河四岸，位于金山温泉下游，包括石湾峒、古楼峒和老虎朗峒，处于那吉盆地中央，视野开阔，田园风光旖旎，小河两岸绿竹掩映，遥望八脸岭美女峰，是诗人和摄影者的天堂。这里的人民十分勤劳，这里的风景美丽，如诗如画。

牛塘山——凤凰沟

欣赏完石头村古代遗留下来的杰出农耕作品后，人们可以踏着弯弯曲曲的石头路，带着无限的感慨，逆时针漫步凤凰沟。凤凰沟大概有3公里长，这里有四座风情独特的山村，还有一些相关遗址。小溪蜿蜒，两岸茂林嘉卉，特别是这里生长着一种叫君子竹的竹子，它们是苏东波咏竹、郑板桥画竹的对象，自然景物势必引起游客的文化联想，丰富游客的人生情怀。这里的上洒湖很美，在这里垂钓定能钓出无限情趣，荡舟上洒湖，人会陶醉，乐而忘返，小富士山的倒影镶嵌静静的湖面，让人联想翩翩，情怀舒展。泥砖村、上洒村别有一番风景，淡淡的乡愁让人挥之不去，惆怅与希期定会涌上心头。

从凤凰沟出来，游客可以无拘无束地回到那吉温泉小镇，整个旅途让人印象深刻，离开以后总会让人经久思念，人生又多了一份美好的牵挂。

山稔花公园——牛仔岭水库

大人山南麓北后村至平地园村的牛仔岭水库，地形独特。大人山横亘东西，一定程度上阻挡南北气流运行。南部迎风坡降水特别丰沛，林木郁郁葱葱，是那吉森林小镇的入口。北部山地南部丘陵，遍长山稔花，风景优美，交通便利。此地适合发展观光、山稔酿酒和经济林产业。

七星高照——紫樱农庄

紫樱农庄位于恩平市那吉镇七星塘村后背的担草坪、唐肚（土名），占地面积约300亩，是一个集农业风情、种植文化、科普教育、休闲娱乐等为一体的现代农业观光庄园。

那吉与那文化

那吉，是青山绿水、钟灵毓秀。它是恩平市西南方的小镇，比邻阳江阳春两市，文化渊源上属于那文化和客家文化交融兼济之地。虽然那吉历经朝代更迭，西南少数民族多数向东迁徙发展，长期受到来自广西、粤西古老文化的浸润，当地许多生活习俗甚至耕作制度还是具有我国西南西江流域文化的共同性，可谓是“那文化冲积扇”上的一道亮丽的风景线。

出土古代铜鼓，是那文化的一个重要标志。早些年，在那吉河下游的大帽鼓山（恩平市与阳江市交界处）出土的古代铜鼓，真也让人们激动一番。这个大铜鼓基本完好，与云南、广西出土的铜鼓一脉相承，无论形态或纹饰都具有一致性，特别是铜鼓面，边上四只青蛙对称，铜鼓中央是十二光芒的太阳，有力地照耀着四方。青蛙是古代傣族、壮族等少数民族供奉的谷雨之神，雨露滋润禾苗壮，万物生长靠太阳，整个图腾画面完美地表达了水稻圈那文化核心内涵。它的出土说明了那吉一带古代颇受那文化的影响与熏陶。难怪那吉虽然长期属于恩平管辖，但土谈方言与恩平其他地方反差很大，食品制作与储存、厨艺与生活方式多与阳江甚至广西相似。

那文化带属于中国珠江流域以南文化，西起云南西双版纳，东到番禺的都那镇，南到中南半岛的泰国暹罗湾，到处都有以“那”字命名的村落。这一带属热带、亚热带，自古以来广泛栽培和种植水稻。这个“那”字不是那里的意思，广西发现，其书写还有那字底下加田字的字体，意思是种植水稻的地方。一般地，凡是在水稻文化圈有那字为名的地方都属于那文化的范畴。那文化体现了人崇拜自然，尊重自然，与自然和谐共处的特质，是可持续发展的生态文化。其因地制宜的生产方式和生活方式，形成独特社会集聚形态。那吉属于这个范围，许多物质和非物质的文化保存还能得到印证，具有重要的文化价值。那吉一带在文化上处于那文化和客家文化的交汇地带，而且那文化的浸润影响比客家文化来得早。在历史上，尤其是宋元时期，在那吉一带生活都是少数民族，如傣族、苗族、瑶族、黎族、畲族等，到了明清时期，珠玑巷人、客家人的大规模向西南迁徙逐渐将原先由云南、广西来到那吉的人逼回原地，使其反道迁徙，但在这个过程中留下了非常实用的那文化。因而原来纯粹的那文化带如今成了那文化和客家文化的混成体，这非常值得研究。

那吉一带因为亚热带山区的地理环境，一直以来薪火相传的生存发展方式主要是种植水稻。那吉一带对土地的称谓是“田”，种植水稻叫“耕田”，农民叫“耕田佬”。地名的保存是那文化的重要标志性符号，是先人的智慧结晶。那文化的“那”不是指那里，“那”是指种植水稻为生的地方。“那”也是田和峒的合体，“田峒”是指人们在周围是山的地方居住并种植水稻的区域，比如清湾峒、黄角峒、那西峒、石湾峒、谭角峒、大莲峒等等。村落也以“那”字命名，比如那吉圩的那吉仔村、那芬村、那蓬村、那彪村、那庄坑村、那径村、那朗村、那湾村等等，还有以“田”起名的村落，比如南蛇田村、地鼓田村、车田村、大水田村等。

那吉水稻的种植能体现当地独特的生态文化。

从水稻种子的培育到播种，从田间管理到收获储存都紧密依赖山水气候。那吉人每年按照早晚两造耕种，注重选种育苗。每造收割前后，那吉人总要精心选出饱满结实的种子晒干，用箩筐封存好堆放在家中的木阁上，并严格区分早稻和晚稻种子。因为光照热量等关键因素影响，晚稻种拿来早造种植是没有收成的。祖祖辈辈形成精耕细作的农耕经验在那吉世代相传，代代得益。那吉人修筑石头梯田，引山溪河水灌溉，田间开挖鱼坎鱼塘，耕种和养殖相结合，村落前面筑大型鱼塘，伴山而居引水而活，是非常讲究生态环境的良性循环的。牛塘山八脸岭一带从古代开始已经开挖出举世壮观的石头梯田，石头田基像一道石头墙，以石头铺设道路，以石头筑水坝砌水渠，以石头筑围墙建村落，总之石头是这一带人们的主要建筑材料。这样的石头王国，在现在的人们看来真是一个感天动地的壮举，花多少钱财都难以修筑出来。这种热爱自然、尊崇自然的精神，是那文化的重要体现。

从远古刀耕火种到普遍种植水稻，那吉人靠山吃山，依石而生，日出而作，日入而息，依照四季变化耕作养殖，依照季节和生产的变化过日子。那吉人吃的食物都与稻米有关，早餐叫“吃早朝”，午餐叫“吃”，晚餐叫“吃晚”，早午餐一般吃粥，吃剩的用来喂猪和其他牲口家禽，晚餐吃饭。以稻米产品有关的工具用品有谷磨，用竹木和泥土制成，用来磨谷成米，用来煮粥做饭；还有石磨，用来将稻米磨成米粉，然后做糍，做粉皮，做饼，做各类美食。在那吉一带值得欣赏和发扬的美食有糯米甜酒，家家户户都会酿。糯米饭加酒饼发酵几天可成，非常甜蜜芳香，有利身体健康。人饮甜酒，酒糟喂猪，一举两得。艾糍、叶仔糍、粉印、杯仔摁、糯米汤圆、碗仔发糕是那吉一带的传统精美食品，20 世纪 80 年代开始才慢慢流传到其他村镇。包果粽更有特色，精选糯米，加上本地特色馅料和一种叫红岚的植物，用山里的芒叶朗鼓包裹精美粽子，让人口舌留香。许多民俗都与耕田种水稻有关，比如春节喊鹤神、喊耕田丰收，二月初二整艾糍，三月初三用一种叫鸡屎藤的植物叶子整糍，七月田了节整禾胎糍。黄角一带的禾黄节祈求风调雨顺、耕田好禾、养猪快大，很有意思。现在那吉还保留相应的用具和农具，耕田用的犁耙、镑铧、水车、石辘、牛车、石磨、碓坎、粉皮格、粉印格、箩斗、簸箕、米筛、粪参、谷箩、蓑衣、麻绳、鸡笼、鸡栈，还有捉鱼专用的鱼篓、鱼笱、鱼梁等等，无不是水稻圈那文化的印证。

那吉与那文化的存在发展，对于我们研究我国水稻圈的历史，尤其是对于人与自然共存和谐发展，对当地农村农业生态文化的探索大有裨益，愿大家对那吉发展和对那文化的研究做出贡献。[①]

① 本文作者为本书主编梁水长，后续未署名篇目均为梁水长所著——编者注。

大帽鼓山铜鼓

——那文化带的重要标志

恩平发现具有1000多年历史的东汉铜鼓，这面铜鼓在恩平市西南方陂口村大帽鼓山（土名）出土。广东省文物考古研究所专家亲临现场，初步鉴定认为该铜鼓为东汉北流型铜鼓，与在阳江市发现的周亨铜鼓为同一时期的器物。专家表示，该铜鼓疑是东汉时人类举行祭天仪式所用的器具。省博物馆专家对铜鼓进行再次考证。

铜鼓埋在离地面近1米的地方，它的出土颇具戏剧性。村民告诉记者，大帽鼓山一带山地被一外地老板租赁，用来发展种植业。年初，该老板为了给树苗排水，就地挖了一条排水沟，而排水沟经过的地方，恰好就在铜鼓出土处的侧上方。这样，经过雨水冲刷，铜鼓终于露出了其“芳容”……并最终在3位农民的帮助下重见天日。

考古研究人员对大帽鼓山铜鼓的出土进行考察。根据其造型、纹饰、鼓耳和立蛙等特征，研究人员推断大帽鼓山铜鼓的出土，是全国第三次文物普查中的重大发现。

据考证，该铜鼓体形硕大，鼓面径宽122厘米，厚度为1厘米，鼓身高69厘米。鼓面为宽平圆形，其边缘伸出鼓颈外，下折成“垂檐”；鼓胸外壁斜直外凸，最大径偏下，胸腰间以一圈凹槽为分界，斜度平缓；腰足间以一圈凸棱分界；鼓身敛腰呈反弧形，鼓足外撇，足径与面径大小相当；六只结实的圆茎环耳分两组对称附于凹槽水平线位置，其中一组为单耳相对，另一组为双耳相对；鼓面铸有四伏蛙，蛙形小而朴实，两两相对；鼓面三线弦纹同心分晕，共九晕，中心太阳纹凸如圆饼状，细长八芒穿透第一道晕圈。鼓体立面外壁有均匀分布的三线弦纹环绕。出土时，该铜鼓足底已有部分锯齿状残缺，鼓胸有一小洞，所幸鼓面尚较为完好。

该铜鼓对研究恩平一带的少数民族历史有很强启发性。有关专家到出土现场考察，仔细观察了周围的地形地貌，对出土处的泥层进行仔细分析研究，认为该地应该是1000多年前当地人举行祭天仪式的地方。此铜鼓作为用来祭天的大型器具，难以运回聚居地，因此在祭天仪式结束后，人们将其埋在地下，以待来年再用。后来，经过战乱或其他原因，这个铜鼓就一直埋在了这里。

有关资料记载，铜鼓由古代铜釜发展演变而来，是中国古代西南少数民族使用的青铜打击乐器，主要用于演奏音乐或舞蹈伴奏，还被作为礼器用于祭祀、仪典等活动。铜鼓的制作历史悠久，大约始自春秋时期（公元前770年—前476年），一直延续至今，流行于中国南部的云南、广西、广东、贵州、四川、湖南等地，并传播到东南亚地区。迄今为止，我国已经发现的古代铜鼓超过2000面，主要分布在广西、贵州、广东等地。专家说，在恩平市大帽鼓山出土的东汉北流型铜鼓，对研究当地的历史发展意义重大。

（本文作者　李明湛）

那文化在恩平之铜鼓探秘

2009 年 10 月 9 日，在毗邻阳江市的恩平市陂口村大帽鼓山一条山谷中出土一面铜鼓，大帽鼓山铜鼓的出土，是恩平市第三次全国不可移动文物普查中的重大发现。该铜鼓高 69 厘米，面径宽 122 厘米，铜鼓体形厚重硕大，鼓面伸出鼓颈外，面沿下折成“垂檐”。鼓面边缘铸有四个青蛙，形小而朴实，两两相对，鼓面三弦分九晕，中心太阳纹凸如圆饼状，细长八芒穿透第一道晕圈，鼓身呈反弧形。根据铜鼓工艺特点，造型、纹饰、鼓耳和立蛙等特征，铜鼓与北流铜鼓的工艺特征基本吻合，属北流型铜鼓。

在中国，铜鼓主要分布于岭南和西南地区各省，包括广东、海南、广西、云南、贵州、四川、重庆、湖南，但不以今天的省界为限，从流域分布来看，主要分布在珠江流域，及长江中上游部分地区。北流型铜鼓更是岭南铜鼓最重要的种类之一，主要分布的区域以云开大山两侧为中心，分布范围广，中心偏东一些，东至广东的信宜、罗定、云浮、阳江、阳春、廉江、茂名等县市，西至广西的邕宁，南至海南岛的陵水，北至广西的桂平、平南、苍梧。北流型铜鼓流行时期约公元前 1 世纪的西汉到 10 世纪的唐末。

为了弄清恩平大帽鼓山的详细历史，笔者拜访了全国铜鼓协会会员、高州市博物馆原馆长张均绍同志。张均绍在了解了恩平大帽山铜鼓基本情况后指出，如此巨大的铜鼓，是权力、地位与财富的象征，只有大首领才有资格下令敲响铜鼓，用于招集族人、开展祭天等重大活动或战时击鼓进军。张均绍断定，恩平古代有少数民族大首领，恩平大帽山铜鼓属于大首领所有。至于这个大首领是谁，生活在恩平哪个地方，已无史料可考。然而，这些信息至少反映出，在古代曾经有较大规模的岭南先民在恩平生活过。

薛综上书孙权，说："尚有高凉宿贼，其南海、苍梧、郁林、珠崖四郡未绥，专为叛逋逃之薮。"(《吴·钟离牧传》)。这些史料及《恩平县志》说明，东汉时期恩平属高凉郡管辖，这时期在恩平地区生活的少数民族有俚、僚族，被汉人称为"南蛮""夷蛮"，恩平铜鼓出土地周围，古时有少数民族居住，且规模不在少数。铜鼓在此，一举两得。一是用以祭天，二是便于招集族人议事或作战。因为古时，恩平等地少数民族与官府作斗、土客械斗十分激烈。大槐是恩平与阳江交界处，古时少数民族多在恩平西部、西北部及阳江、高州等地聚居。

恩平史上也有关于铜鼓的记载。《恩平县志补遗》的《汉伏波铜鼓》一文记载："按金石以款识为重，此古今通例，然阮通志金石略，附载铜鼓、铜柱铁柱兹援其例，附载铜鼓于后，补者记。……民国十年辛酉，崇一军次，获自广西南宁，现移置杨桥聂氏三礼小学校陈列。"根据史书的记载，恩平地区发现的铜鼓还不只一面。

作为一种古老的文化载体，铜鼓成为从事稻作生产的各民族两千多年来社会发展、文明交往无法磨灭的历史记忆。它是这一地区稻作民族积极进取、世世代代生生不息的生动体现，蕴含着朴素的人与自然相互依存关系的思考，表达了人民追求美好生活的共同价值观。

那文化，是岭南先民所创造的稻作文化，铜鼓为其重要的文化符号之一。恩平铜鼓的发现，充分反映出，恩平地区在古代，亦是那文化带上一颗璀璨的明珠。

（本文作者　唐兴元）

那吉发现古生物化石

2006 年 8 月 13 日，那吉高塘村农民谭艺明挖掘出一块奇石，石中间镶嵌疑为动物骨骼之物。经考古人员鉴定，该石头是古代大型动物的骨骼化石。

谭艺明介绍，当天他在距离该村 20 公里的一个土名叫“飞鼠洒”的地方挖野生药材时，险些被一块石头绊倒。他捡起石头准备扔掉，但却被石头的奇怪形状吸引，细看之下，原来是一块黄蜡石。更令他奇怪的是，石头中露出了好似动物骨骼一样的东西。他觉得很像报纸和电视介绍的化石，于是将石头带回家，并且打电话请来了恩平市博物馆的考古人员来进行鉴定。

考古人员接报马上来到，对石头进行细致入微的鉴定。这块石头为金黄色，重约 5 公斤，正方形，周围有各种形状的纹饰和大小不一的凹凸，一侧的外表露出很明显的骨骼形状的物体。考古人员鉴定后，确认该黄蜡石内藏物是化石，根据其形状特征分析，应该是古动物关节部分的骨骼，粗看极似黄蜡石，细看才辨别出是动物骨骼化石。考古人员认为，化石的发现地“飞鼠洒”位于那吉西北部的深山里，这里在古代应该是原始森林，各种野生动物特别多，经过数千万年，动物的骨架经过自然作用形成了化石。据考古人员判断，这块化石应该是古代野牛类动物骨骼化石，而至于是何种野牛化石，还要请古生物化石分类学家鉴定才能最后确认。

（本文作者：梁治荣）

那吉发现原始社会石器

那吉大朗村与那吉圩之间，有一座山，叫牛岗山。这座山看起来与其他山没有什么不同之处。但令人意想不到的是，在这座山上，恩平市的考古人员发现了4000年前原始社会古人类使用过的石器。

1999年间，恩平市博物馆的考古人员在全市范围内开展文物普查。当年10月13日，考古人员在位于那吉圩北郊与大朗村交界的牛岗山普查时，意外发现了暴露在山间地表的砺石18件。考古人员对这一发现惊喜不已，接着又进行认真细致的寻觅，结果又陆续发现了石镞、石锛和砍砸器。

恩平市考古人员介绍，牛岗山发现的这批石器，根据其制作特点鉴定，是属于新石器晚期的文物，其制作技术相较旧石器时代制作有十分明显的进步，是经手工打制成形后再加以细致研磨而成的，其中石锛就具有这些特征。据此推断，那吉地区有人类活动的时间至少在新石器晚期，也就是历史学家所称的原始社会后期，距今大约四五千年。

至于牛岗山是属于古人类的居住地还是石器加工场，或是捕猎遗址，目前尚未得出结论，仍有待进一步探讨。

（本文作者：梁治荣）

那吉摩崖石刻

恩平那吉镇黄角村委会回龙自然村有一个古代摩崖石刻，石刻所刻的图形被当地人看作是无法破译的古代“天书”。恩平市博物馆考古人员初步认定，摩崖石刻可能是新石器时代某一个部落民族的图腾。

这块摩崖石刻是由当地村民发现的，在距离村子大约 2 公里远的山间小路旁。图案被刻在一块高约 5 米、宽约 2 米的巨大黑色岩石中下方，高 90 厘米、宽 70 厘米，雕刻深度 1 厘米左右。在经过认真细致的查看和辨别后，考古人员发现石刻上看不到一个文字或近似于甲骨文之类的象形字，而是刻满了古怪符号。这些符号大致按顺序排列，刻度深而有力。

这块充满神秘色彩的石刻到底是什么时候凿成的，连当地 90 多岁的老人也说不上来。不过，关于这块石刻的传说，却有三种版本：第一种是说，远古时一个大财主，在躲避战乱时，将金银珠宝埋藏在某个山洞，为了记录去“宝藏洞”的路径而刻下的符号；第二种是说，在这里曾经发生过一场大规模的战争，这种符号是胜方将领为表彰有功将士而镌刻；还有一种是说，某一个部落民族为记录发生重大事件而刻的“记事簿”。

经过鉴定，考古人员认为石刻可能是此地古代信奉神鸟的某一个部落民族所凿制的图腾，这些神秘的符号可能是代表鸟类的羽毛，以此作为本部落民族神灵来供奉拜祭，至于其凿刻时间估计是在新石器晚期，距今约有 5000 年。

（本文作者：梁治荣）

嘉禾三穗

人类在种植水稻的历史上有过许多美丽的故事。水稻一般是一茎一穗的，双穗稻非常罕见，三穗稻简直就是惊天奇闻。有关双穗稻的记载，让人感受到水稻圈文化的精彩。春秋战国时期，若民间出现双穗稻，就要被好好保护，然后隆重送达朝廷祭天庆祝，因为双穗稻预兆风调雨顺、国泰民安。

恩平和阳江的县志都明确记载着嘉禾三穗的神奇故事。现阳江市东山公园山顶有一巨石，石壁上凿刻着“瑞禾”两个大字，落款还明确说明宋朝咸淳年间，恩平大有年，出一茎三穗，民间沸腾，百姓奔走相告。当时郡治余太久率众考察，然后将奇妙的稻穗保护起来，择吉日献送朝廷。事后，他把考察的经过刻于巨石上，记载此事，万古流芳。

嘉禾三穗的故事虽然未曾明确记载在那吉一带发生，但民间流传也不是空穴来风。传说那吉过去还有过一座瑞和亭和人们供奉的嘉禾庙，香火鼎盛。每年春节期间，五邑两阳，许多人都蜂拥而至，舞狮比武，抢炮夺彩，场面壮观，一连几天，好不热闹。

旧时，当地人为子孙起名都喜欢取“瑞和”或“嘉禾”。经商的老板更是喜欢为档口店铺取名“瑞和行”或“嘉禾行”，期待生意兴隆，赚个盆满钵满。

吉祥之地庆丰收，嘉禾三穗传万代。

仙人塞海与“建皇城”的故事

古时候，传说要在那吉建皇城，看似不可信，但许多故事生动地联系在一起，又让人惊叹。

那吉黄角河有个仙人塞海的景区，非常美丽，引人入胜，那吉河上游牛塘山下有条人杰地灵的城围村。这两个令人向往的地方一直流传着相互关联的动人传说。

相传，因为那吉的山川地理风水特好，特别是小盆地一带，土地肥沃，气候湿润，人们世世代代勤劳善良，十分富庶。许多风水先生都认为值得在这里建城立邦，只是那吉河不够大，水利设施不足。智慧的那吉人，总想把家乡建设得更加美好，设下宏图大略，从锦江河的上游清湾筑坝，开河引水，从而使得那吉河更加丰沛了。有了大河大水，就能够以城围村为中心建城了。

大家经过商量，便开始动手开山劈岭了。这件事感动了上天，派了神仙下凡帮助挖山筑坝。一天清晨，神仙从鸭颈河上游叱石成羊，以掩人耳目之术，搬巨石往黄角河下游赶去，路上不小心还把回龙村的峒主社碑撞崩了一角，现在还有遗迹。后来在经过蓝底村外，这情景被一早起的捣衣孕妇看到了，惊呼有一大群野羊要闯入村了。神仙觉得好事被撞破了，于是将滚动的满河石头打回原形，所以就有了仙人塞海的景色和故事世代流传。

故事反映了当地世世代代劳动人民建设家园的美好愿望，有人甚至认为先人在锦江河上游筑坝凿渠引水到那吉河也有可能。此举地理地形上的可行性极大，佛仔迳到仙人塞海地势相对高度差不多，且没有太多起伏，不必横穿崖壁，谷底蓄水成湖，便可自流入那吉河，大大增加那吉河的水量，对航运发电旅游相当有利。这事情放到现在的经济技术条件，完全不是什么难题，对那吉发展经济和文旅意义巨大，但愿传说能够变为美好的现实。

那吉乡村堆草堆

在改革开放以前，那吉有不少乡村的村前或村后，堆着一个个草堆，很像是蒙古族的蒙古包，成了一道独特的风景，煞是好看。

这些草堆有两种堆放形式。一种用四根花岗岩石柱撑起，草堆就堆在上面，另一种则直接堆在地上。现在的年轻人已经不知道这些草堆有什么用，也不再能看到古老的草堆。

原来，每年的秋收时节，乡村的农民开始收割晚造水稻。他们用牛拉石碌将稻谷脱粒，再将脱粒后的稻草，铺在地上晒干，晒干后堆放在村前或村后。堆在地上的草堆相对比较简单，将已经晒干了的稻草一层一层堆起来，堆至两三米高后就成了一个草堆，上窄下宽，其形状好似金字塔。有的乡村，比如黄角回龙村等村，草堆则是另一种堆法。他们先用四条花岗岩石柱撑起，再在花岗岩石柱上铺上木板，接着一个人站在木板上，另一个人将稻草捆成一扎扎，然后将稻草捆一个一个向上送，在上面的人则接过稻草捆一个一个解开，再一层一层围绕木柱将稻草铺开，直到将稻草铺完。四根石柱下边是空的，人可以在下面走动。

堆草堆有什么用呢？作用大了。一是用作耕牛的粮食，让耕牛长年食用，特别是入冬后，山头的草大多已经枯死，耕牛无草可食，堆起草堆便可以供耕牛过冬；二是家庭用来生火煮饭，每个家庭都到草堆拔一大把稻草回家，既可以煮饭，又可以给家狗做狗窝，让家狗入冬后睡在暖和的草窝里。

改革开放以后，农村耕田种地已经实现了机械化，不再用耕牛，草堆喂牛的作用已经消失。同时，农村家家户户生火煮饭也使用沼气或天然气，不再用烧稻草和秸秆，因此过去很时兴的堆草堆已经成了历史。

（本文作者：梁治荣）

扫灰

进入农历腊月中旬，那吉乡村就呈现出浓浓的过年气氛，家家户户开始进行打扫卫生，包括洗刷家具、蚊帐、被褥和打扫房屋灰尘等等，当地人俗称“扫灰”。用来“扫灰”的工具特别讲究，有人用带叶的生鲜竹枝，有人用带叶的生鲜榕树枝，捆绑于长竹枝的一头，将屋内外较高处的尘埃扫下来。因为竹子和榕树一年四季都是青青绿绿，并且竹子与“祝福”、榕树和“容易”谐音，寓意新年祝福、发财容易。据说用竹子和榕树“扫灰”后屋主就会兴旺发达。而且竹子和榕树的叶子“扫灰”都不容易脱落。“扫灰”必须选择好日子。一是选择天气晴朗的日子，便于洗刷晾晒家当、衣物等；二是选择日历上所谓的黄道吉日，宜洗刷的日子，并且必须在小年晚（即农历腊月二十四）前完成。而这些工作都是由家庭主妇来干，男人一般很少参与，顶多是帮忙搬搬比较重的家具，男人这几天正为买年货忙得不亦乐乎。“扫灰”基本上一天就可以搞定。此外，还有一个规矩，不论大人还是小孩，男性都必须理发过年，当地流传一句俗话：“有钱无钱，剃头过年。”不理发过年被视为不吉利。但妇女则恰恰相反，从年三十晚开始一直到“开灯”（年初六，也有的地方是初八），妇女都不许洗头。年三十晚，主妇要替小孩冲凉洗脚，据说是提防其吃团年饭时睡觉不吉利，而小孩没有冲凉洗脚过年也被视为不吉利。

（本文作者：梁治荣）

喊“好禾”

到了腊月二十八，主妇就把神台、灶头等香炉里的残灰倒掉，把香脚烧了，换上新的炉灰（用稻谷的壳烧成的灰），布置一新。二十九那天，主妇们忙着做一种球状的甜糍，俗称“油糍鼓”。

油糍鼓取其团圆甜蜜之意，又叫团圆糍，除夕至元宵节摆放在神台、灶头等地方有压年“拜神”之用。时至今日，恩平年轻的家庭妇女会做团圆糍的已为数不多。大多数人都嫌做团圆糍复杂麻烦，干脆花钱到市面上去买。那些有做糍手艺的妇女就瞄准这一商机，新年期间做团圆糍去卖，大赚一把。

除夕一大早，主妇就起床宰鹅，动员全家拔鹅毛，然后用酱油、腐乳、白糖、盐等调料腌制好了，把鹅整只放在大铁锅里用油爆一爆，再加上些配料慢火炊一个钟头，味道特好，俗称恩平卤鹅。男人们则在大门口贴上春联、门神，在客厅正中的土地神位、灶台的灶君神位、门角的门官神位、天井的天官神位以及神龛等地方贴上新的春联，布置一新后，再在门楣上方挂上一辫大蒜、两节甘蔗和一对橘子，大蒜和橘子表示大吉大利，而甘蔗则表示家庭生活甜甜蜜蜜。

下午 3 时左右，家家户户飘出烧鹅的香味，供神的饭也煮熟了。男人们把卤鹅、猪肉、鸡、咸鱼等（俗称“三牲”）供品用箩筐装好，先出门到村头去拜山主菩萨、玄母娘娘，并烧炮仗，然后再回到家中拜天神、祖先、地主和灶君等，再放鞭炮。随后一家大小围桌而坐吃团年饭。用餐时先关上小门（一种只有80厘米高的门，据说是古代用来防奸臣秦桧落难后行乞的），防止别人进来“冲饭席”，待吃完饭才开门。吃过团年饭，大人小孩都要沐浴，洗干净，换上新衣服，表示除旧迎新。接着，长辈们把小孩叫到客厅，给他们派发红包，即添岁钱，说些吉利话。

到了午夜时分，家家户户燃放鞭炮，小孩则成群结队，前呼后拥，穿村过巷捡拾未烧完的鞭炮，嘻哈欢笑，异常热闹。男人则纷纷涌到天井口或门口大喊：“好禾好禾，今年耕田，好粘又好糯，养猪快大个（快快长大），想咩有咩（想什么有什么）！”一些外出打工的青年人喊：“今年工钱高！”未结婚的男青年则喊：“今年老婆平！”出外经商的男女喊：“今年好生意！”一时间，整个村子呼声大作，此起彼伏，一浪高过一浪。人们以这种发自内心的呼喊来期望新的一年心想事成。

喊过“好禾”后，大人孩子们陆续去睡了，而妇女们则又开始新一轮的劳作，连夜赶做一种叫作“发糕”的点心，年初一用来祭神拜年。

（本文作者：梁治荣）

送家盅

据说各路神仙包括各家的“祖先”在大年初一当日都要吃斋，所以这一天又叫作“公斋”。人们用腐竹、粉丝、发糕、削了皮的甘蔗等祭品拜神。当日的早饭也随神仙和“祖先”的意吃斋，菜式像和尚的食素，一般都有生菜、发菜这两道菜，取“生财、发财”的好意头。后来有嘴馋者改为上午吃斋，下午吃杂，俗称“朝斋晚杂”。这一天家家户户都不扫地，据说如果扫地就会把家里的财气扫掉了。人们这一天整天不干活，也不探亲或互相串门，只是尽情玩乐，或在村中书馆、灯寮（村人聚集的公共场所）聊天，谈天说地，相互祝愿，小孩子们则放鞭炮，吃零食，玩得不亦乐乎。新年期间最忌讳说“四”（与死谐音）、“毛”（意为没有）、“坏”、“鬼”、“病”、“痛”、“穷”等不吉利的话，也忌婴儿啼哭，因为啼哭被看作“没头彩”。小孩若是说“四”，大人马上纠正：“大吉利市，生生猛猛！”小孩若是说“毛”，大人即时说：“有，好多好多！”吃饭时小孩不小心跌了筷子，大人要马上说“新年快乐！”如果打破了碗，大人就说：“落地开花，富贵荣华！”

大年初二俗称“开年”，大清早，主妇就起来打扫屋子，将炮仗纸、蔗渣等清理干净，接着杀鹅宰鸡祭祖。拜祭完祖先后，有一件重要事情是一定要做的，这就是当地俗称的“送家盅”，这项活动是家人对本家长者表孝心的一种体现。主人将鸡、鹅切开，取出其中最好的腿、胸和屁股肉，再加上糕点、糖果等，用斗箩（竹织篮子）装好，让自家小孩给本家长者送去。本家长者接受后，则给小孩红包（添岁钱），并赠给小孩“新年快乐、读书聪明”之类的吉祥话。如果谁家把这件事忽略了，即便平时你待长者多好，也受村人笃背脊（背后非议）。这种乡土味浓厚的尊老方式自古流传至今已近千年。

（本文作者：梁治荣）

去村

年初二“开年”后，那吉人纷纷外出走亲戚，当地俗称“去村”。那吉圩境内的公路上，载着鸡鹅、“糍篮”（竹织篮子）的摩托车、小推车、自行车络绎不绝，成了一道独特风景。

按照那吉当地的风俗习惯，亲戚家当年有喜事，年初二“开年”后是一定要“去村”的。如果分别有亲戚当年建了新房子、娶了媳妇或添了丁，这家人就得全家总动员，兵分几路“去村”，村民则会笑称这家人为“去村”大户。

准备去村的人家，就要提前在年初一告知左邻右舍的婶姆过来帮手做糍。这是当地惯例，做“去村糍”。今天我去帮你做，明天你来帮我做。由于从年初二至初七都有人“去村”，因此，村中妇女这几天的主要事务基本上是互相帮忙做“去村糍”。做这种糍很费功夫，十来个妇女一齐动手，下午 1 点一直忙到晚上 12 点，“去村”所需的糍才能做好。

当日一早，主妇将“去村”的油糍鼓、白水堆、粽子等用糍篮装好，又用鸡笈（竹织长形笼子）装着大肥鸡、大肥鹅。吃过早饭后，各路人马就分头启程“去村”。在同一天内，可以见到村里有十户八户人家“去村”，有外父母探郎家的，有女儿女婿探外父母的，有大姨探姨仔的，有姑仔探大姑的……

亲戚来到俗称“来村”。对方一家大小在村口迎候。在主人家里，大家互相问候和贺年。主妇照例将担来的糍拿出一大半，这叫“受礼”，再将受礼的糍留一部分拜祭“白公”（祖先）和自家食用，一部分拿出分给村中各家各户，受糍的人家则按俗例回给一个红包（过去一般是五毫、一元，现在是一元至五元不等）。分完糍后，主妇便回家给“来村”亲戚回礼，俗称“回篮”。回篮的礼物基本上是将分糍所得的红包全部放到糍篮，所有鸡笼、鹅笼和装糍的糍篮都用红绳拴上红包，挂上两辫大蒜，两个橘子和两根甘蔗，寓意“好事成双，甜甜蜜蜜”。这时，男主人早已将担来的鸡鹅宰杀加工好，与“来村”的油糍鼓、白水堆、粽子等一起摆上八仙桌，之后烧香、纸钱等，再烧爆仗拜祭“白公”。拜祭完后，鸡鹅切开，各取四分之一“回篮”，其余食用，接着全家人与宾客共进晚餐。饭后，两方亲戚向对方小孩互赠红包，并赠予一番吉祥话。随后，主人一家大小热情地将“来村”的亲戚送出村口，双方这才高高兴兴地各自回去。

（本文作者：梁治荣）

元宵节拥头炮

“元宵节，拥（抢）头炮”，这是那吉民间广为流传的一句口头语。“拥头炮”是那吉话，即抢第一的意思，来源于古代那吉民间正月十五元宵节举行的大型“拥炮”活动。

“拥炮”活动始于一千多年前的宋代。提早两三天百姓便开始筹备比赛有关事宜。首先人们组织起拥炮的“炮会”（由参加比赛的村庄组成），这个临时机构负责指挥协调拥炮的一切赛事，再选择一个能够容纳近万人的宽大田峒（田野），用竹木搭起数个炮台。炮台四周贴着五彩纸，再绘上五谷丰登、六畜兴旺和帝王将相等主题画，呈现出浓浓的节日气氛。炮台的台基上摆放一、二、三、四等名次的奖品（分别奖给头炮、二炮、三炮、四炮的夺得者）：一等奖大牛牯，二等奖大肥猪，三、四等奖分别有大肥鹅、大肥鸡。事先炮会雇请师傅制造18门花炮一字排列摆放在炮台的前面。这些花炮跟现在放烟花的炮筒形状和原理大同小异，在炮筒中装上火药，留下牵引导火索，将炮筒中的火药压实后再在上面装着10个用红布结成的球。18门花炮所装的180个红布球大多没有写字，仅有四个红布球分别写有头炮、二炮、三炮、四炮等名次，其实这是炮会有意给“拥炮”者争夺奖项设置的高难度。

元宵节这天一大早，轰动四乡八里的“拥炮”活动吸引成千上万的群众从四面八方汇集而来，赛场周围一时人山人海。人们积极抢占有利位置，或坐或站，欣赏这场盛大比赛。而有份参加“拥炮”活动的80名青壮年大汉，则分别腰扎代表本村的红蓝绿紫黄等颜色的布带，列队待命出赛。

活动前奏首先鸣放鞭炮，八音吹奏音乐，锣鼓擂得震天响。“拥炮”活动分初赛和决赛，初赛叫“跑山”，决赛才叫“拥炮”。初赛一宣布开始，80名参赛者就拔腿一路飞跑，从一座高约80米山头的山脚跑到山顶，再从山顶跑下山脚，如此来回跑5趟限时40分钟。紧张刺激的“跑山”初赛场面令观众不断鼓掌喝彩。竞争结果一般有5人或因犯规或因力气不支而被淘汰出局，余下75名胜出者，进入决赛“拥炮”。

进入决赛区“拥炮”的75名大汉，还未喘得过气来，一个个好似喝了酒一般，脸红耳赤，汗流浃背，气喘吁吁，他们目不转睛地盯住18门“花炮”，紧张地等待点炮。场外观众精神也高度集中地关注决赛赛情。

更精彩的决赛“拥炮”紧接着进行。只听一声令下：“点炮！”18门“花炮”被点炮手同时点燃导火索，随着一声声爆炸声轰响，180个红布球从18门“花炮”的炮口一齐射向约50米高的天空。红布球始初像一个个通红的火球，在空中快速旋转，当降落到约20米时，突然间同时自动散开，变成180条红布带，慢悠悠地向四面八方飘扬，在蓝天映衬下显得格外鲜红夺目，场面十分壮观。

此时，看热闹的群众欢呼雀跃，喊叫声不断；而75名“拥炮”的青壮年大汉，则即刻投入比赛，你追我赶，争先恐后。但由于红布带太多，“拥炮”者看得眼花缭乱，根本看不清哪些写有奖字，一开始只是漫无目的地狂追。当红布带相继降到四五米的高度，完全看清楚写有头炮、二炮、三炮、四炮奖名次时，“拥炮”者的争夺战立即进入到白热化状态，那些长得高大威猛的“拥炮”者此刻大显神威，跑得特别快，跳得特别高；但有一大半的“拥炮”者，由于初赛“跑山”精力已消耗得差不多，经过此番激烈争夺后，体力不支，明显处于弱势，终于一一败下阵来，在裁判的监督下拾了无奖红布带自动离场。此刻约有10多个对手一起同抢头炮，不分彼此，相持不下；二炮、三炮、四炮的红布带也纷纷被20多个对手紧紧追逐，蜂拥抢夺。场内争夺激烈，场外助威呐喊声一浪高过一浪，此起彼伏。经过紧张激烈争夺，4个奖项最后终于分别被高大威猛、身手敏捷的4名青壮年大汉抢得。抢得红奖带的“拥炮”者马上将红奖带缠绕成完美的圆球，再到指挥台经众裁判一致确认。

观众这时欢声雷动，掌声如潮。比赛结束后，举行隆重的颁奖仪式：所有夺得红布带的参赛者全都披戴上所夺得的红布带，作为鼓励和留念；拥得头炮者则喜领奖品——一头大牛牯，笑得见牙不见眼；二炮、三炮、四炮名次的夺得者也分别领得了大肥猪、大肥鹅、大肥鸡，各得其所，皆大欢喜。

（本文作者：梁治荣）

恩平有个古老石头阵

在那吉镇有个古老村庄叫良皮村，良皮村边的小河附近有一个神秘的石头阵，石头阵长宽各2公里多、占地约300亩，石头阵的阵容十分壮观，令人叹为观止：一个个用石头围起来的不规则的小石围，约有数千个，长方形、圆形、椭圆形、葫芦形等形状的小石围组成一个庞大的八卦阵，酷似古战场。这个传说中的古战场按八卦阵来布置，进入阵内会分不清东南西北。

走着走着周围涌出片片迷雾

关于石头阵的来历，当地流传有一种神奇的传说，说是1200年前当地发生了一次叛乱，朝廷派出官兵镇压，英勇的义军占据有利的地形打退了官兵的进攻。为了预防官兵的偷袭，义军们就地取材垒成一个个小石围，而小石围则是按照八卦阵的结构来布置的。千军万马隐藏在石头阵中，就像一个个上膛待发的炮弹。义军除了利用石头阵进行大练兵外，还将石围作为一个个打击官兵的据点。后来，义军凭借石头阵赢得了胜利，石头阵作为坚不可摧的战场得以保留下来。

如今人在小溪两边行走，依稀可见当年作战的木架、石桥。石头阵内古树参天，长满了瘦骨嶙峋的龙眼树、黄皮树和一些不常见的树木，各色花草零乱地分布在石头阵的每个角落。走进这个石头阵，荒凉气息迎面扑来。走着走着，人会突然迷路，天上的太阳不见了，周围涌现出阵阵迷雾，瞬间分不清东南西北，如果不是在向导的指引下，陌生人就是走老半天也只在阵中打转。据说，村民饲养的牲畜误入石头阵，几天几夜找不到出口。

就地取材重达数吨小如鹅卵

包含近3000个小石围的石头阵被一条3公里长的小溪分割成两部分，小溪被裸露的石头和鲜艳的花草覆盖，一条清澈的溪水自上而下弯弯曲曲从石头下穿过，偶尔到转折处，可见积水成潭，长不大的小鱼小虾在畅游。小溪上的花草肆无忌惮地爬在水面上和小溪的两边，紫红色的花长得非常密集，在夏日的阳光下特别晃眼。据说，溪上的乱石和石头阵中的石头，都是后面的石头山经过几千年前数百次的洪水和泥石流冲击，被推到溪中和周围的空地上，成为后来构造石头阵的丰富材料。

小石围全是由人工搬运石头砌成，有的高达2米，最低的也能藏个人。这些天然石头重的有几吨，小的形如鹅卵石。光洁透亮，是奇石爱好者的心头之好。神秘的石头阵留下了许多不解之谜，等进一步探究考证。

（本文作者：梁治荣）

父子打铁匠　合奏便民曲

俗话说，“天下三大苦：打铁、撑船、磨豆腐。”打铁的艰苦情景实在是令人难忘：每当铁炉生火，便是气温高烧，拉一阵风箱，汗水满头，抡一番铁锤，挥汗如雨。那十几磅重的大锤要想抡起来，的确需要极大的力量与气度，没有力量不能打铁，没有胆量不敢打铁，没有吃苦精神不愿打铁——恩平市那吉镇那吉圩有间远近闻名的“便民打铁铺”，打铁师傅是打了40年铁，从不叫苦的温保华老汉，方圆数里无人不晓。

我那天上午来到那吉圩温保华老汉开的“便民打铁铺”。这间不足60平方米满是灰烬光线低暗的屋子，堆满了杂七杂八的家什，大多是锄头、铁钯、大刀之类的铁器。这时，一个乡下老农民拿来一把锄头要求温保华加工翻新，老农民自称来自马王冲村。他告诉记者，现在广大农村基本上已实现了机械化，犁地有手扶拖拉机，插秧有插秧机，收割有收割机，但大多农民种菜点豆或者劈柴割草还是离不开锄头、镰刀等农具。他说：“眼下已是春耕时节，我用钝了的锄头要赶着用，所以拿来让老师傅加工翻新。”温保华拿过锄头看了看，二话不说就开始干活。他脱去上衣光着膀子，下身围着围巾，嘴上叼着一根香烟，首先用木炭将炉子生火，拉风箱，待锄头和钢条加热到一定火候，再用火钳把钢条嵌在锄头上，置于砧架撑起来的铁砧上，拿起一把重约10斤的小铁锤。他的儿子则充当徒弟，操起一把重约50斤的大铁锤。温保华一声大喊：“起锤！”只见手起锤落，立时火星四溅，我慌忙闪到一旁才避免火星溅到身上。父子俩互相应和，互相对喝“嘿——！”“咳——！”叮叮当当的铁锤声仿佛时而激越，时而悠扬的乐曲。一顿猛敲之后，钢条便紧贴在锄头上。温保华将通红的锄头放入水桶“蘸火”，立即听见“吱——”一声，把锄头从水桶捞起来再放入炉子，又拉风箱，又是一顿猛打，如此反复三四次，一把锄头才加工完成。温师傅加工完成一把锄头用时约40分钟，收加工费10元。我留意到，打铁过程中，师傅用挥锤的速度来指挥徒弟用锤的快慢，徒弟则根据师傅的铁锤去向来判断铁锤应落在什么位置，而速度有时快有时慢，有时重有时轻，配合默契，协调有序。温保华师傅一边干活，一边向记者聊起自己的打铁经历，无限感慨。

20世纪60年代，当时的那吉公社开设打铁铺，年富力强、能吃苦耐劳且打铁技术响当当的温保华，自然成为其中重要一员。温保华感叹说，打铁这行当，比什么活儿都粗重辛苦，尤其是大暑天，天气酷热，打铁炉烈火熊熊，烤得人像锅炉上的煎饼，这不是一般人所能承受的。

打铁工作粗重辛苦倒是撑得过去，没有专业技术却是很难胜任的。这活儿看似“大老粗”，其实技术含量是相当高的。温保华举例说，打刀子活就非常欺人，没有专业技术打出来的刀子，无论用多好的钢也不锋利，在打刀子过程中不断适当蘸火（淬火），这是关键技术。

打铁除了辛苦外，还特别脏。人穿着衣服虽然可以防铁星溅到身上伤了皮肤，也可以防烟尘落在身上脏兮兮的，但实在太热，干起活来浑身大汗淋漓，比不穿衣服还难受。温保华干脆不穿衣服，光着膀子，所以干完活后就变成黑不溜秋的包公。

“打铁所需工具相当多，而且全部是铁质，特别重。”温保华指着身旁的打铁工具如数家珍般介绍，“这个铁砧子就有60斤，大号铁锤50斤、中号铁锤30斤、炉子和铁砧架各10多斤，还有火钳、钢铁条、木炭、风箱等等。”温保华说，这些打铁工具放在两担箩筐，与徒弟各一担，挑起来便上山下乡。他们每到一个村子，就满村吆喝“打铁喽——”，在村头大榕树下把打铁工具就地摆开，有人就用钝了的锄头、铁钯、大刀来加工。

公社解体后，温保华自立门户，创办“便民打铁铺”，并且说服认为打铁最下贱的儿子加盟，父子俩成了最佳拍档。由于他加工翻新的农具耐用好用，且加工费便宜，深得那吉镇农民兄弟的信赖。那吉镇地处边远山区，农民的铁犁、铁耙、铁锄等农具用坏了，纷纷拿来“便民打铁铺”加工修理翻新。就这样，“便民打铁铺”叮叮当当的铁锤声一直响到现在，足足响了 40 年。

（本文作者：梁治荣）

叶大伯织个鱼笱去捕鱼

你见过鱼笱吗？这是广东阳江、阳春和江门五邑乡村盛行使用过的一种头大尾小、中间束腰、形似喇叭的竹制捕鱼工具，如今在江门五邑的乡村几乎已经绝迹了。我近日在恩平市那吉镇良皮村采访时，不期然发现了这稀罕之物，并从村民叶大伯处听到了有关鱼笱的故事。

叶大伯向我说起鱼笱的来历。相传鱼笱是明朝一位名叫呆九的人发明的。呆九是个笨人，做什么事都呆头笨脑，但编制竹器却绝顶聪明，尤其是他发明的捕鱼笼，颈部装有细竹须，鱼能进而不能出，新奇独特，令人叫绝。后人为纪念呆九，以其谐音，把这种捕鱼工具叫作鱼笱。

据叶大伯向我介绍，他 16 岁开始跟父亲学编竹器，好不容易才学会织鱼笱。他说，织鱼笱看似简单容易，但织起来就相当讲究技巧，是精细的手工活计。叶大伯织了 30 多年竹器，才练就了一手编鱼笱的本领。他当场向记者演示织鱼笱的看家本领。他砍来一根竹子，首先将竹子破开，再削成幼细的篾条，然后像城里姑娘织毛衣那样，一条篾接一条篾盘来绕去，不一会儿，一个小巧玲珑的鱼笱便编成了。

叶大伯说起鱼笱的往事，感慨不已。别看鱼笱是简单之物，却救过他们一家五口的命。1937 年，恩平闹大饥荒，村里人饿得死的死，病的病，没病的也骨瘦如柴。叶大伯却凭着自己织竹器的手艺既织鱼笱出卖，又用鱼笱捕鱼捉虾，这样，一家五口才不致饿死。20 世纪 60 年代，每到农闲时节，他就待在家里织鱼笱，织到有 5、6 个时就挑到圩上去卖，大鱼笱卖 3 元，小的 1 元。

那时“割资本主义尾巴”，禁止织鱼笱，他就偷偷用鱼笱到小溪捕鱼，拿到圩上卖钱。

为了证实鱼笱捕鱼捉虾的特别功能，叶大伯带着我找到一条鱼虾特别多的小溪。我蹲在小溪一边，兴致勃勃地观看叶大伯用鱼笱捕鱼：叶大伯把鱼笱尾部用草堵塞，放置于小溪下游，接着拿铁锹自小溪上游向下游一路使劲拍打水面，那些躲藏于草丛石隙间的大小鱼虾受到惊吓，纷纷往鱼笱钻。只费个把钟头，鱼笱便装满了鱼虾，足有三斤多。

现在生活富裕了，不再织鱼笱去卖了，谁还稀罕这家伙呢？叶大伯说：“过去富裕人家才能享受的朝鱼晚肉，现在普通人家也当寻常。如今大多数人都有钱到圩上买鱼虾了，不再用鱼笱捕鱼虾了。不过，我有时还用鱼笱捕鱼，一是回味一下旧时的生活，二是为了消闲，寻找乐趣，而且，自己捕来的鱼虾新鲜味美，营养特别高！”

（本文作者：梁治荣）

在那吉圩摆武档

大概是1966年以前，每到那吉圩的圩日，就有一班外地佬来那吉圩摆武档。

那时候我大约是十四五岁，读小学五年级，就经常偷鸡（旷课）去那吉圩睇摆武档。

摆武档有几种：一种是纯摆武的，是名副其实的摆武档；一种是讲古的，确切讲是摆文档；一种是玩蛇的，是摆蛇档；还有一种是舞猸镏（耍猴）的。这些我们统称为摆武档。一到圩日，就有两三个档口在摆档，非常热闹。

其中有一个档口的档主叫吴一飞，以讲古专长招徕顾客。他的口才相当了得，而且表情也相当丰富，表演起来声情并茂。他讲笑话时，观众也被逗得哈哈大笑，装哭时，大家也无不泪流满面。他特别擅长讲苦情故事，给我印象最深的是他讲"乞米仔伦文叙上京考试"，一个贫苦人如何历尽千辛万苦，受尽欺凌，最后考中状元后又如何为民除害。他讲得绘声绘色，活灵活现，讲到苦楚处，一把眼泪一把鼻涕，在场听客无不伤心落泪。

这些档口最有看头的要数摆武档。人数起码有四五个，档口架起剑戟棍棒，锣鼓擂得震天响。来等圩的男女老少听到锣鼓声便知道摆武档的来了，循着声音围了过去。想看又看不到的人你拥我挤，把档口围得很窄。这时，一个师父模样的汉子就使出十分惊险的开场把戏。他拿出一个飞砣来，一手紧握绳子，把飞砣向四周乱舞，几乎向前排围观者的鼻尖上刮去，吓得人们慌忙后退，围观的圈子这才越来越大，这就叫“打飞砣”。我们经常用“打飞砣”来比喻人有本事。此时师父大步上场，把手一挥，喝声：“伙计慢打锣！”一个徒弟即搭上一句：“打得锣多锣吵耳。”另一个也搭一句：“打得更多夜又长。”（有说“打得鼓多耳又聋。”）师父把上衣一脱，露出一身皮带扎腰的装扮。他向四周拱手作揖道：“今日兄弟初到贵境，脚踏贵地，奉祖师之命，前来赠医施药，仅收回成本，卖一送一。”接着师父与徒弟一唱一和，把要推销的跌打丸、惊风散、跌打酒、风湿膏、镇咳丹等药的功能一一介绍，介绍过程中不时穿插一些武术表演来吸引看客。而混在观众中的“媒”，则不时举手做买药的模样，制造踊跃认购的气氛。但大多人是冲着看免费表演而来的，真正买药的并不多。因为大家心知肚明，他们卖的多不是真药，当然也有不明真相、初来乍到者上当受骗的。在我的家乡，只要你说摆武档，人们就明白是卖假药的意思。我还听到一个关于摆武档的笑话。一个档主租住在那吉圩一间出租屋。晚上，这个档主房间传出噼噼啪啪的响声，屋主甚觉奇怪，便伏在房门偷看，发现档主正在把放在旁边的几个砖头打断，再用粘胶接好。屋主明白了，原来他表演时根本没本事用头撞断砖头，只是用这个办法来糊弄观众。后来这事传了出去，成了人们茶余饭后的笑谈。

最令观众觉得搞笑的是耍猴，恩平话叫“舞犸骝”。

某个圩日，一个穿着邋遢的外地人，吹着哨子在那吉圩坦摆档“舞犸骝”。他牵着四只用绳子套着的猴子（恩平人叫犸骝），“啪”一声，他挥舞鞭子大声喝令：“立正！”犸骝们站了起来。“开步走！”四个犸骝一摇一摆向前走。“停！”犸骝们站着，你望望我我望望你。“敬礼！”犸骝们眨着眼，纷纷举手敬礼。逗得观众哈哈大笑。接着耍猴人扔给每个犸骝一个袋子，它们接过袋子向观众讨钱。讨完钱后，耍猴人大声喝令它们做“倒立”和“俯卧撑”动作，四只犸骝只有三只做了，有个大犸骝却偷懒。耍猴人用鞭子打它，它“吱吱”叫着跳起来抗议，又捡起地上一块砖头掷向他。耍猴人火了，用棍子追打它，它竟然跳到耍猴人的肩上，对耍猴人又是咬又是抓。耍猴人难以招架，狼狈不堪。“舞犸骝”变成被“犸骝舞”，惹得观众哈哈哈大笑。

卖武的玩刀弄枪，讲古的靠三寸不烂之舌，而“摆蛇档”的，则以蛇做道具。恩平有一位老师傅，玩蛇技惊四座，擅长以玩各种毒蛇招徕顾客。某圩日，我见到他在摆蛇档。他先用几块脏布罩着地上的几条蛇，然后故作惊慌地逐一揭开脏布，用一把纸扇逗弄那些“饭铲头”“三索线”“过山乌”“百步金钱”等毒蛇，一一介绍它们的毒性，并介绍自己的蛇药可以治毒蛇咬伤，还可以治疗风湿骨痛、生疮烂脚等等。接着他活生生吞下一条毒蛇，又将蛇吐了出来；再将蛇从鼻孔穿进去，又从另一个鼻孔拔出来。人们看得心惊肉跳。他演得这么卖力，目的只有一个，就是将自己的蛇药推销出去。老师傅能玩蛇，但最终还是被蛇玩残了。有一日，恩城一居民发现自家的屋檐藏着一条毒蛇，请老师傅去捉。老师傅爬上竹梯，果然发现一条毒蛇藏在檐缝，他便伸手去捉，那蛇“呼”一声扬起头向他攻击，老师傅一慌，失足从竹梯跌下来，结果跌成了终身残疾。

（本文作者：梁治荣）

织箩村：老少都是编织竹器的能手

那吉有一个村子，因为全村的村民都是以编织各种竹箩（器）卖钱为生，故人们称这个村子为织箩村。他们村织竹器的历史至少已有 50 年了。无论 80 岁的老人还是 10 来岁的小伙，都能编织各种竹器。逢年过节市民买鸡鹅探亲，都要用竹编织的鹅笼、鸡笼来装，做年糍也喜欢用竹织的大小盆子来炊，因此村民就要日夜加班赶织各种应节竹器卖，收入可观。

地上摆着几十个工艺精巧的竹器，有大小盆子、鹅笼、鸡笼，还有圈鸡圈鹅的围子。这个 60 来岁的老伯双手穿着白手套，正在编织一个鹅笼。见有人在对着自己拍照，老伯脸带笑容，摆出架势配合。

老伯说，他 10 来岁就学会了编织各式各样的竹器，编织鹅笼鸡笼其实很简单，没有什么技术含量，只是小菜一碟。“织鱼笱、帽子和竹箩才是真功夫！不但复杂，而且难度相当大，费神费时费力，而织糍篮才是我的拿手好戏呢。”老伯说糍篮是他的爷爷独创出来的，爷爷是一位聪明的织竹器师傅，每年都编织各式各样的竹器卖。有一年爷爷的岳父八十大寿，他就编织出两对精致的糍篮，装着寿糍给岳父祝寿，岳父对女婿织的糍篮大为赞赏。后来恩平人凡是去村探亲，都是用这种糍篮来装糍，形成习俗。

老伯说，织糍篮看似简单容易，但织起来就相当讲究技巧，自己织了近 50 年竹器，才练就了织糍篮的看家本领。织糍篮也像编织谷箩、帽子一样，首先将竹子从中间劈开，去芯取皮，刮去青衣，再削成幼细的篾条，然后一条篾接一条篾纵横交错才编织而成。一个糍篮大概要织四五天才能完成。

（本文作者：梁治荣）

那吉烧饼与婚嫁习俗

在那吉，流传着这样一个习俗，青年男女结婚的大喜之日，男方必向女方赠送礼饼。这礼饼就是恩平烧饼。

那吉烧饼俗称“恩平烧”，为恩平特产，以其制作精巧、风味独特而著称，远近驰名。

那吉烧饼创制于明代，距今约有500年的历史。相传始创烧饼的师傅是恩平一名教书先生。他用自己的积蓄办了一间私塾，让穷家孩子免费入学。后因办学经费紧缺，私塾被迫停办，教书先生为了谋生，利用祖传的手艺做烧饼来卖。教书先生大胆创新，做出一种与众不同的圆形软饼。这种饼香甜可口，风味独特，放置多日也能保持新鲜，因而十分畅销。

当时的肇庆知府很颇有经济头脑，他为了繁荣市场，推动经济发展，便举办了一个做饼比赛，选出精品加以推广。恩平知县推荐教书先生到肇庆府参赛。比赛之日，各路做饼名师使出浑身解数，均想脱颖而出。但是知府大人出身做饼世家，要得到他的认可并非易事。

而当知府大人品尝到恩平烧饼时，越嚼越有味道，竟连吃了三个，赞不绝口：“软滑可口，香而不俗，甜而不腻，好饼！”于是，恩平烧饼一举夺魁。后来，教书先生靠卖烧饼发了财，成了富翁，遂重新开办私塾，让穷家孩子继续免费入学读书，一时传为佳话。

其实，当时恩平知县举荐教书先生还有一个用意，就是要趁机挑个乘龙快婿。当知县将要把教书先生选为佳婿的打算告诉女儿时，女儿却死活不答应，她认为做饼师傅没出息。教书先生为了追到知县的千金，每卖出一百斤烧饼就留下一斤放在一旁，以便日后作为礼饼。后来，知县的千金见教书先生诚实勤劳，手艺又好，终于动情。当教书先生把烧饼积到一百斤时，知县的千金便把这些礼饼领了回去，表示接受教书先生的追求。

此后，求婚送烧饼就慢慢演变成了一种礼仪，邑中男婚女嫁必以烧饼作为礼饼。女子出阁不叫出嫁而叫“领饼”，即表示接受了对方的感情。时至今日，那吉人问青年姑娘是否出嫁了，不是问：“你嫁了没有？”而是问：“你领了饼没有？”

（本文作者：梁治荣）

乡村乌榄树

那吉不仅山清水秀，风景秀丽，而且物产丰富，遍地是宝。那吉每个村庄的村后都有一座小山，俗称后山。有的山上长满了树木，这些树不是村民种的，而是自然生长出来的，其中有龙眼树、花稔树、荔枝树。每到秋季，这些树一结果，村民就摘下来，一些拿去卖，一些拿来吃。这些不施化肥，没有农药污染的果子，很有一种独特的味道。

在那吉圩西边的乌头冲与响水洞两村之间，就有一座小山，山上长着几棵参天大树，这些树叫乌榄树。每到秋天，乌榄树就挂满了黑乌乌的乌榄果，煞是好看。

于是附近的村民纷纷来摘乌榄果。乌榄树太高，有 10 多米，有的农妇望树兴叹，无法上树摘果，只好拿着袋子捡拾落在地下的乌榄果。而有的聪明农妇则带着自家的小孩一齐上山，让小孩爬上树摘果。

小孩很机灵，抱着树干，一溜烟就爬到了树顶，很得意地朝下面笑了一下，就坐在树丫上，开始摘乌榄果。他摘得很用心，一个一个摘下来，用布袋子装起来，装满一袋子就将袋子扔下来，母亲就在下面接过袋子，将乌榄倒入竹篮子，再用绳子捆绑空袋子让孩子拉上去。小孩再摘乌榄果，摘满一袋子又放下来，直到竹篮子装得满满的，这才满载而归。

村民回到家里，将乌榄倒入锅里，生火煮熟（不能煮太熟，也不能煮太生），然后再将乌榄一个个从中间切开，取出榄核，又再将熟盐或生盐放入乌榄肉内阉制，完成这些工序后，再用瓦钵装起来，一两天后就可以食用。

这些制作成熟的乌榄味道可口，尤其是吃白粥伴食，十分可口，而且开胃，百食不厌，成为那吉乡村一道不可多得的美食。

（本文作者：梁治荣）

古民居各有各的精彩

在那吉圩的圩镇和乡村，至今仍保留着一批完好的古民居，这批古民居的建筑风格独特。专家惊叹：在同一个地方，竟有如此多风格各异的古民居，实属罕见。

形形色色的那吉古民居的产生有多重历史原因，其中最主要的是各地不同的地域自然条件及各地居民生活水平差异。可以说，那吉古民居是当时社会民生的一个缩影。民居按建造材料约可分为七类：石头屋、舂墙屋、泥砖屋、火砖屋、夹心屋、银包皮屋和红毛泥屋。从建筑风格上看，从南雄迁来的居民其民居有天井和走廊，两边开横门；从信宜迁来的村民的民居，则开中门。这体现了那吉地区人的群居习俗，为研究那吉建筑风格、社会民生提供了极为丰富的实物资料。

鹅卵石垒叠石头屋

那吉镇西部山区的云礼、良皮等村，是由石头屋组成的古老村落。这些村的所有房屋，都是用各种鹅卵石垒叠而成。

这些石屋的墙特别厚，门、窗却特别窄小，据说是为了防盗贼。所有房屋的石墙壁不用石灰浆砌墙和批荡，但却牢固美观，历经 600 年风雨而不塌，足见砌石工匠手艺何等精湛。据传，云礼村建于明代洪武年间，其创始人是黎氏八世祖，不堪当时社会的动乱，致仕后迁徙到这个理想中的世外桃源，立村定居，因为家穷，便就地取材，利用周围俯拾皆是的七彩卵石建房筑村。那吉镇约有 8 个自然村都是石头屋。

泥砖屋墙脚砌卵石

泥砖屋约占那吉古民居的七成，全部分布于贫困荒僻的山区乡村。这些房屋的特点是用田泥制成的长方形砖垒叠而成，十分简朴大方。泥砖屋分两种，一种砖形大而笨重，另一种小而轻巧。

泥砖屋的墙脚有的以卵石砌成，有的以青砖砌成，作用是防水浸淹。这类屋只建一层，高约 4 米，很少有超过两层的，怕建得太高不牢固。据最早建泥砖屋的老人说，他因为家穷，买不起青砖，因此只好用田泥打砖建屋，据推算已住了四代，约 120 余年，至今仍然完好。这种房屋的优点是夏季凉快，缺点是春季潮湿。

夹心墙砌成火砖屋

夹心屋是火砖屋中的一种，它的独特之处是墙壁与墙壁之间留有空心，俗称空心墙。墙壁留空心的作用是让房子夏凉冬暖。夏季热气由空心墙散发，而冬季墙体吸热保暖。据沙坪村的老人说，他们的老祖宗是从粤北南雄珠玑巷迁来的，村中大多是夹心屋。

火砖屋则诞生于清朝以后，那吉的山里人依山挖掘简单的小土窑，自制砖坯，用山草烧制而成。由于当时的烧制技术落后，因此烧出来的砖优劣混杂，颜色有红、黑、青、黄等多种颜色，用这些砖筑成的房子，其墙壁如五颜六色的锦缎，华彩斐然。

黄泥河沙巧筑舂墙屋

舂墙屋是由黄泥、河沙、石灰俗称三合土混合筑成。有钱人家又在三合土中添加黄糖，这样筑成的房子更加坚固，至少能住上百年。不少乡村在村头村尾建舂墙屋，这些舂墙屋全村人合建，属于碉楼，俗称楼仔，是用来防盗贼土匪的。建一座舂墙屋要全村人来帮手，至少要花上半年时间。这些舂墙屋大多建于清末民初，新中国成立后也有人建，但不多。直到改革开放后，人们的生活水平提高了，于是再也没有人建舂墙屋了。

省钱体面的银包皮屋

银包皮屋的结构很特别，墙壁均用两种砖砌成，外面砌的是小青砖，里面砌的是小泥砖。这种建屋法的原因有二：一是底层人民既没钱又要讲体面，总想把房子建得雅观得体，于是用较少的钱买些许小青砖，砌在外面装门面，又自制些小泥砖砌在里面，以加固；二是自古土为民生之本，建房子不可缺泥土，这反映了居民一种淳朴祈望。据考证，此类屋在清代是初建期，清代至民国则是鼎盛期。据说这种民居的建筑方法是恩平人的独创。

中西合璧红毛泥屋

清末民初，红毛泥和洋铁洋钉开始从英国进口，那吉的一些有钱人家和华侨，便打破沿袭上千年的传统建筑模式，开始购买红毛泥和洋铁洋钉，与自制的石子混合，建起了中西合璧的红毛泥屋，当时通称为洋楼，并在屋檐边绘上各种各样的图画。因为红毛泥为英国人所造，人们便称之为红毛泥屋。那吉大朗村和其他一些老村至今仍保留红毛泥屋。

此类屋与中国传统建筑最大分别是框架结构，用红毛泥捣制，屋面不是板瓦和筒瓦覆盖的硬山顶，而是平面天台式，西洋味浓厚。据有“那吉通”之称的老人介绍，当时能建西洋建筑的有两种人家，一是做生意赚了大钱的生意人，一是出国谋生发了迹的华侨。当时，红毛泥屋成了令人羡慕的洋楼。大朗村就有首富黎仁富在村中建起了红毛泥屋，那吉洞也有一些富裕人家和华侨建起红毛泥洋楼。

（本文作者：梁治荣）

神奇的石头梯田

在那吉圩的西北面，有一列崇山峻岭，它是天露山的余脉，从北向南分布着许多胜景，佛仔迳、马栏坑、牛塘山、云丽坑、八脸岭、百楞岭、好奶山，一直到现在属于阳江管辖的大水田村，风光旖旎，景色迷人。

莽莽苍苍的群山东南麓分布着十多条各有特色的古村落，石头村、岭背村、七星塘村远近闻名。

这一带山上有许多传说和美誉。过去，村里的耕牛自由生活在山上，一年里只有耕种时节才被牵下山来。那时经常有老虎出没，可是没有耕牛被伤害过，母牛还带着小牛回来，让家人欢喜不已。牛塘山顶有风吹石磨的传说，相传，山顶有个地方很独特，风吹转着一个形似大石磨的石头，发出磨谷的声响。有一天，人们看到一个大石头从山顶滚落山下，它竟然绕开人畜和房舍，不伤生灵，一直蹦蹦跳跳滚到山脚一棵大树下便停了下来。后来这奇石显灵，人们建屋或娶媳妇等大事都在它面前的择胜杯求签，都说非常灵验。此地还有更神奇的传统故事：从山溪流出的泉水清冽甘甜，还能治病，曾有大城市人来这里租屋住下，在山溪洗澡，舀山泉水喝，用其煮饭、煎药，不久大病被神奇治愈。

这里的人们世世代代和谐美好地生活着，上天也让这里风调雨顺、五谷丰登。感天动地的是这里的石头梯田，山上那一望无垠的梯田从没有风虫水旱之灾，只是到了现在，这些梯田已经被树木荆棘覆盖了，成了珍藏。说到这梯田，其美丽壮观比起广西龙脊梯田有过之而无不及，天下一绝，是水稻文化圈的奇迹，彰显了那文化的精彩内涵，它的神奇美妙之处不能不让人们肃然起敬。

出于对这些梯田的好奇，我不止一次地从岭背村到大水田村，山上山下，沟里沟外，攀爬寻找，发现数公里治山坡修筑出来的梯田层层叠叠，都是用石头砌成，有的田基顺着陡峭的山坡，竟然筑成一面墙的样子，太经典了。石头的水坝，石头的水渠，石头的路，石头的田埂，凡是被人修葺过的石头都成了工艺品。但凡人们从上面走过无不感叹先人的伟大与勤劳。这大片相连的石头梯田，真不是一两代人能够开拓出来的。即便是现在，这浩大的工程也得动用多少机械，花费多少钱财才能建成。可我们的祖先，没有他念，仅仅为了世世代代的生存幸福，硬是一块石头一块石头地打凿，一块地一块地地将梯田垒出来。这是智慧和血汗谱写成的伟大作品，让人赞叹不已！

这些令人震撼的石头梯田建筑得非常坚固，可与山同寿，而且砌造得非常巧妙，都是在山腰以下绵延到山脚。山上和山溪两边大树长得葱茏，从不砍伐，那是为了涵养水源和保护鸟兽，保持四季泉水淙淙，引溪水自上而下顺流灌溉，最后流到村中池塘。溪中和池塘自然养鱼养虾，这些鱼虾都是自然孵化的。并且山上水渠和村前池塘还起着水土保持、防火和日用洗刷等作用。这一带一直流传着这样的话："近山不烧枉柴，近河不洗枉水。"这种朴素的生态文化精神太值得我们学习和发扬了。

这里的石头梯田让我不禁想起刀耕火种的远古人类，一块石头一块石头地挖，一颗种子一颗种子地播，日出而作，日落而息，更想起了水稻圈那文化的生态化耕作的伟大意义。它用壮观两个字阐释了生态种养的丰富内涵。这种尊重自然，依赖自然，保护生态并从中得益的文化精神一一展现在石头村人的农耕生活中，其文化的精髓值得我们学习和研究。

充满神奇魅力的石头村梯田，我们会常常来看望您的，您是我们不可多得的文化瑰宝，让我们好好地把您保护起来，您将是我们子孙后代取之不尽用之不竭的财富。

禾黄社

禾黄社（也称和黄节），是黄角峒和那吉峒特有的民俗传统的节日。回想儿时，农历五月节后，六月初六前，早春禾黄时节，村人择社日做节——禾黄社。

夏至过后，以村为单位，每年选定一个吉日，通知出嫁女回来祭祀。如有禾熟，村民就将其收割后碾出些新米，和着旧米一齐煮饭，然后祭祀和聚餐，俗称“尝新”。此时，家家户户备足三牲酒醴，特别是制作彰显那吉文化特色的新米糍，如“禾叶”“禾礅”“禾扁担”，并盛满三碗白饭进行祭社。村民们分别到田头边奉拜“田头翁”，到公庙拜神，拜祖先，同时派人入田摘取几枝将熟禾穗，挂于厅堂的门头和神龛上，以表向祖先神灵报喜并请他们尝新。当然，少不了的是小孩子跑前跑后，脸上满挂节日的喜悦，给全村喜气洋洋过社日增添了不少色彩。据《中华长江文化大系》记载，“世界上的每个民族都存在植物崇拜，中国各民族历史悠久，当然更不会例外。作为一个农业国的民族，长江以南的各族人民都对稻谷十分崇拜，形成了与稻谷相关的节日，如禾苗节……”这里所述的“禾苗节”，也就是我们的禾黄社。从字面上分析，社字从示从土，“土”是土地，“示”表示祭祀，那么，社就是祭土地。早先的土地神只是神灵，后来逐渐人格化，俗称土地爷，而且有配偶神（社母，俗称土地奶奶）。有时，土地神与谷神一齐祭祀，这就是古代所谓的社稷了。据《宋史》记载，南宋史上，湘南一带曾闹过多次大蝗灾，根本没有农药来灭治害虫，造成颗粒无收，农民被逼背井离乡。后来，人们为使农田得以丰收，避免虫害，祈求神灵庇护，于六月六日祈祷禳灾，预祝五谷丰盈。从那时候起，湖南、广西、广东部分地方的汉族，一直继承着这饶有风趣的禾黄社。还有以上地方的少数民族，也结合自己的地方信仰，举行各具特色的庆祝活动。现在，每年六月初六那天，人们组织一支禾黄社民俗队伍，锣鼓喧天，唢呐嘹亮，十几人舞起稻草龙，上下翻腾，或回首摆尾，或左旋右转……稻草龙后面跟着一条长长的队伍，六人左手提一小袋丰熟（收）米，右手提着一艘一尺大小的游船仔（稻草船），六人左手提着一只仔鸭，右手提着一些祭祀品，朝着各户农家走去。民俗队中的稻草龙每到一户农家，这家就会放鞭炮迎接，稻草龙进屋去向神龛点三下头，六只仔鸭也要向神龛点几下头。队伍里有人给屋主送上一包丰熟米，预祝这户人家好收成，屋主用碗接住放妥后，从大门后拿出一包害虫来，如青虫、白叶虫、打屁虫等（事先捉到的害虫用红纸或南瓜叶包好），放在游船仔里，意思是包里的害虫是虫王，把虫王捉到了，田土中所有的害虫随着全消失了。不论乡邻们住山侧还是住山腰，禾黄社民俗队都得走齐村子里所有的人家。稻草龙离开农家后，农家会在山坳垄段、田间地头、庭院里焚香祭祀，祈求五谷丰登，有的也会杀一只鸭子取血喷于方幅草纸上，制成小旗插在田头地角，备酒烛香等祭品，祈求田神确保丰收，俗称“祭田头翁”。

追溯过去，我们黄角峒是典型的传统农业社会，深受那文化的影响，在这样的社会形态下，人们对土地有着极其深厚的感情。爱重之，必然神化之，因此土地很早就是人们的祭祀对象，称作“社”，而重点祭祀的那个日子，就是“社日”。在历史演变过程中，社日的主要活动是祭祀土地和聚社会饮，借敬神、娱神而娱人。禾黄社这一传统节日及其美好的传统文化内涵应载入我们的非物质文化遗产，做好传承和保护。

（本文作者：黎艺宁）

狗头山禾雀花与凤凰沟君子竹

行走在那吉山河畔，我最渴望的是发现“颠倒竹”。顾名思义，颠倒竹就是竹头竹尾颠倒而生。我早在民间听到过凿凿有据的奇闻逸事，说是颠倒竹出现的地方，大多风水极佳。在我看来，如果找到颠倒竹，以此为题材开发出一个神秘的景点，必定能吸引大量的游客。

然而我多年寻找未果，但始终兴趣极浓，经常跋山涉水，披荆斩棘，而乐此不疲。在这样美妙境界的寻觅中，虽然我尚未找到颠倒竹，却发现、认识了许多古藤、靓树、野花。

禾雀花许多人都见过，南方很多地区都有。野藤乌黑古朴，花蕾白间紫红，远远看去花开动人，可是走近一闻，那气味倒是让人难受。雄伟的狗头山间，有一种禾雀花生长在“猪肉石”坑的半山腰，硕大的青藤攀崖缠树，郁郁葱葱。花开时节一串串花蕾活似麻雀，形态各异，栩栩如生，或展翅高飞，或跃跃欲试，或比翼双飞，真像一幅万雀齐飞的图景。令人称奇的是它跟那些景区的禾雀花不一样，虽然也一串串挂满林间，但它质地似翠玉圆润，像琉璃锃亮，晶莹剔透，芳香满山，让人陶醉。

发现这奇特的禾雀花，已让我弥补了找不到颠倒竹的无趣，有了这感人的审美对象，自然乐在其中。而更为精彩的莫过于我在寻觅中还发现了具有中国历代文人气质的竹子，它让我忘却了不断寻找的颠倒竹。对我来说，这样的竹子充满魅力。它只是生长在那吉凤凰沟山野的一种竹子，个子不高，没有婀娜多姿的模样，可是它特喜欢长在我们那吉的土地上，山不避沟壑，土不择肥瘦，有点水分就能生长。它竹节不长，像鹤脚一样节大而黑，叶片细小，枝丫对称，疏密有序，枝条十分柔软。风和日丽的日子，它摇曳多姿；风雨中它也誓不低头，立定青山，折而无悔。每当沐浴朝霞或黄昏夕照，它显得非常淡雅清爽，骨气精神拔然。苏东坡所吟的“宁可食无肉，不可居无竹”就是它。郑板桥“四十年来画竹枝，日间挥写夜间思，冗繁削尽留清瘦，画到生时是熟时”的竹也是它。在画竹的艺术境界，它就傲立其中，或依石恋山，或倒影河溪，摇曳多姿，出彩千古。

它的名字与其生命中的气质万分匹配，那就是我们崇敬的君子竹。君子竹是我们那吉特美的竹子，我们弘扬它的正气，练达我们的气质，励志成才，也让它丰富我们的文旅内涵，为那吉增光添彩。

“三代不养女，百年拒通婚”的传说

那吉有一条历史悠久的山村，村上人家姓温，相距不远有一条叶姓村落，温氏与叶氏世居牛塘山东面山脚，生活在同一方水土，田地相连，同赶一个那吉墟场，婚姻互通，世交故旧，红白事皆能互帮互助，和谐共处。后因嫁女陪嫁田地的纠纷，温姓村人三代不养女，百年拒与邻村叶姓通婚，这段往事至今还在那吉峒流传。

话说古代，一个早春，那吉峒乍暖还寒，阴雨延绵，天气潮湿。良皮村叶某趁着难得一见的晴天，翻出压在箱底的田宅地契，晾晒在门前空地上。刚好，年前嫁过来的叶某儿媳妇叶温氏从村水井挑水回家，不小心从桶中洒出几滴水打湿地上纸张。叶某看见心疼地说：“哎呀呀，阿嫂，你担水出入要小心一点，这些纸潮湿烂掉就是‘去财’啦，今后也只有吃‘西北风’了。”叶温氏张口说：“老爷，这张烂纸真有那么值钱吗？我外家好多张呢。”叶某听后，以为儿媳妇讲大话，便说：“阿嫂，口说无凭，除非我看到你说的那些纸张。”其实，叶家老爷心里嘀咕，想要知道儿媳口中地契的价值。

不日，叶温氏果真从娘家弄回一大张多字的契约，证明自己所言不虚。叶某看清这是一张温姓田塘地契，心中窃喜。他知道那一带土地肥沃，灌溉耕作条件好，旱涝保收，便讥讽儿媳：“阿嫂，你爹真不当你是他的女儿了，本村某某儿媳妇的娘家，钱财、田地不及你爹的皮毛，但人家还有两块田陪嫁过来，你只有两床薄被陪嫁，你若想办法将这张田塘地契当陪嫁就好了。”叶温氏听后，闷闷不乐，对于父亲少了陪嫁物品倍感委屈。

在家从父，出嫁从夫的传统思想让叶温氏有口难言。她想要向父亲争取此契约补当陪嫁，如果不争取，自己则在村中就没有面子，在夫家地位低下。可是一头夫家，一头娘家，手心手背都是肉，叶温氏左右为难，后与家翁议定，暂时不透露此田塘地契已在叶家，争取说服温氏自愿拿出地契补当嫁妆。可叶某与儿媳妇叶温氏从年头到年尾多次争取，先暗示后明说，亲家温氏毫不松口。叶某认为亲家是一毛不拔的“铁公鸡”，感觉自己已经做到“仁至义尽”，决定巧取不行就豪夺。大年正月初四上午，叶某便召集一班人马，带着镢头、锄头，木桶、戽斗、鱼笱、鱼篓、竹箩等物，浩浩荡荡来到温姓村前风水塘放水捉鱼。此时，村人还沉浸在春节的喜气氛围里，被这群人突如其来的行为激怒，纷纷从家里拿出竹碌、担杆、禾叉，甚至柴刀、菜刀等，双方对峙，就这片田塘是否是温氏嫁女的陪嫁，你一言我一语辩驳起来，剑拔弩张，互不相让。幸好，两村的族长都及时赶到，听到叶某与温氏两亲家的辩解，劝解说凡事都讲证据、讲道理，建议到衙门打官司。

于是控辩双方择日在县衙激烈交锋，这方说这田契是嫁女的嫁妆，那方说这是女方从娘家偷窃的田契，各方的理由都很充分，判官明白叶温氏是此案的关键人，其倾向就是官司赢输的走向，就要她表态。叶温氏的言语非常巧妙：“着衫着裤（穿衣服）见父母，脱衫脱裤（脱衣服）见丈夫。”心如明镜的判官心里清楚，便定叶氏赢了官司，温氏不服，上诉到肇庆府，却还是输。

温氏因出嫁女引来的官司，既损失了田地又丢了颜面，族人异常气愤，誓言永不养女！永不与叶氏通婚！因而温族凡有女婴出生，即沉水溺死。后来，温族遵守当年的誓言，已经是三代没有养育女孩，百年不与良皮村通婚了。然而随着时代变迁，社会进步，如今温氏已经恢复了养育女孩，恢复了与叶氏通婚，亲戚往来，和谐如初。

（本文作者：温池广 口述　　黎胜华 整理）

秀美多彩高朗村

高朗位于那吉圩北约 4 公里，被大人山系群岭环抱，形成一个约 6 平方公里、地势比那吉圩高出近百米的深山小盆地。山体北高南低，冬暖夏凉，森林茂密，被誉为“天然氧吧”。

高朗原是瑶、畲等少数民族聚居地，后来客家人在此立村，至今仍存其生活遗迹。清咸丰、同治年间广东发生土客械斗，双方死伤惨重。1866 年土客械斗在那吉终结，客家人被官府安置到台山赤溪半岛及琼桂两省。其后高朗的黎氏先祖分别从那吉云礼村、羊栏村、山界坪村，以及信宜县迁来定居，经过百多年的繁衍生息，高朗由最初一条老村发展壮大到现在的五条小村。

高朗是革命老区，新中国成立前共产党领导的游击队常驻该村活动。1945 年抗战胜利后，广东人民抗日武装在刘田夫等领导人指挥下于恩平朗底圩整训。解放战争期间，游击队开辟了一条由朗底、大田单竹河到获盖山，经高朗到那吉圩或潭角，再通往阳江、台山的秘密交通线。朗底至高朗单程约 20 公里，路虽难行但隐蔽安全，可以避开当时反动势力占优势的恩城等地区敌人的拦截搜捕。高朗村民为游击队做向导、放哨、送情报、送粮借粮、掩护干部等，为新中国的诞生做出贡献。

高朗自古以来就隶属那吉。1955 年 10 月广东省在恩平县建立河排林场。最初林场名叫广东省粤西林场，原因是恩平在 1952 年 5 月至 1956 年 1 月，隶属广东省粤西行政区，后来才改名为广东省河排林场。初期林场租用高朗村民房作为场部办公场所，后来国家拨款在高朗老村北约 300 米处建房作为新场部，设置各类林业管理机构。因为高朗在新中国成立前就有一条牛车路，经高朗、曾光、均坪等村庄，在潭角与恩平与那吉公路交汇，经简修后可通小型特种车辆，所以解放初期援华的苏联专家就是沿着此牛车路，开着军用吉普车来到高朗，再步入深山开展科考工作。1958 年 9 月河排水库（后改称锦江水库）动工兴建，修好了大田圩至水库大坝的山区公路后，河排林场场部就从高朗改迁到现址。1959 年 1 月高朗划归河排林场管辖。

高朗人民勤劳朴实，努力拼搏，奋斗在各行各业，为国效力，创造美好生活。有的从山林走出当上各级干部，有的自学成才成为工程师，有的成为在梅州市主持叶剑英故居纪念馆国家级园林工程的林业专家，有的在抗美援越战火中立功受奖入党，有的把发财生意做到白山黑水，有的漂洋过海传播中华文明美德，也有的发挥高朗资源优势，种稻豆、牧牛羊、养鱼塘、饲鸭鹅、放蜜蜂。

高朗山岭是绿色的林海。人工林主要树种是松树，它是造林绿化先锋树种，适应性广，抗逆性强，成材快速，树型优美，深受历代人民喜爱，有诗为证。唐代李商隐《高松》:“高松出众木，伴我向天涯。”宋代王安石《松》:“人能百岁自古稀，松得千年未为老。”现代陈毅元帅《冬夜杂咏·青松》:“要知松高洁，待到雪化时。”此外人工林还种有杉树、相思树、桉树等。高朗天然林则是保留最好的生态系统，在涵养水源、保护土壤、固碳释氧、保育生物多样性和防风抗灾等方面发挥极其重要的作用。一年四季山花飘香，五彩斑斓。春露染红杜鹃花。夏风吹艳山稔花。秋阳高照彩林秀。冬寒则是高朗几百箱蜜蜂的主人最高兴的时光。高朗山岭野生的鸭脚木是一种十分珍贵的蜜源植物。大自然的巧妙运作，使鸭脚木在岭南地区的花期正值隆冬（小雪节气前后）。鸭脚木蜜是所有冬蜜中品质最好的，是带有中药特色的蜂蜜品种。那吉人俗称用来存放多年“睇屋”保健的蜜糖就指这种冬蜜。鸭脚木花期长达2月，泌蜜量大又富含花粉，正常年景每窝中华蜜蜂（俗称土蜂）每个冬季可产蜜5～30斤。这是可贵的冬季财富。

高朗山岭颜值最高之时是1980年前后，那时高朗种植的几千亩油茶树进入盛产期，寒露时节，油茶花漫山遍野盛开，白花黄蕊，清香扑鼻，花艳耀眼，引来蜂蝶采蜜授粉。油茶树是神奇植物，开花之时，上一年结的果还挂满枝头；果熟之际，新一季的花朵已傲然怒放。此时花果并存，隔枝相望，这一奇观被称为“抱子怀胎”。高朗的油茶林在1969年至1972年曾交给佛山军分区后勤部管理，有军人常驻管收，后又交回林场管理。油茶树所产的山茶油是中国政府提倡推广的纯天然木本食用植物油，也是国际粮农组织首推的卫生保健植物食用油，素有“油王”美誉，在营养价值上和橄榄油相比也有过之而无不及。当年高朗收获油茶果时，为那吉部分中小学开展勤工俭学劳动提供了很好条件，实现了经济收益与育人的双赢目标。

高朗山美水更美。高朗河发源于村庄北边海拔高度约500米的竹篙岭。此岭是大田镇与那吉镇的分水岭之一。岭北之水经大田流入锦江，流到开平改称潭江，在江门市新会区入海，属潭江水系。岭南之水汇成高朗河，流经山界坪、大朗、黄牛栏等村庄，在金山温泉注入那吉河，于阳江市入海，属漠阳江水系。高朗河的原始山泉，水质清丽，纯净甘甜，在小盆地缓缓流淌，轻吟浅唱。但流到盆地南侧一个名叫“洒口”的河道峡谷时，由于河床陡然下降几十米，河水化作瀑布，飞流直下，撞击深潭，扬花溅玉，响声如雷。有时阳光照射，瀑布腾起的水雾幻化为七彩长虹，与四周林木交相辉映，构成绝妙图画。现在因为在瀑布上游筑坝开环山渠，引走九成以上河水到水电站发电，瀑布失去了往日雄姿威势，减弱为涓涓细流，如白练挂石壁，但是水能变成电能为国为民也是喜事。

在瀑布河床上的花岗岩基上有多种石坑，有的像锅子，有的像动物脚印，最令人惊奇的是有一口深约 1 米，直径约 80 厘米的圆形石井，另外还发现一块有“走”字样纹路的岩石，犹如大自然天书，引发游人无限想象。那吉镇共发现两处如此地貌的河谷，一处是距那吉圩约 15 公里的黄角“仙人塞海”，另一处就是高朗“洒口”。对这些“穴臼”地貌，地质学家有“冰臼”和“壶穴”两种不同的解释。以韩同林教授为代表的一种解释认为这些穴臼是冰臼，即两三百万年前的冰川遗迹，是冰川融化后形成的急流，携带石块，从相当高度垂直向下对岩石长期进行强烈冲击和研磨而形成的穴臼，地质学上称为冰臼。如果此说法成立的话，那么就证明两三百万年前，那吉曾是冰天雪地。另一种则以广东地质界为代表的解释是壶穴，是约一万年前的普通岩石河床被水流冲磨而成的深穴，地质学称之为壶穴。2007 年 11 月 15 日《南方农村报》以《恩平那吉发现穴臼》为题，对上述两处地貌做详细报道。面对此情此景，借用著名作家刘白羽赞颂武夷山的诗句“鬼斧神工亦壮哉，天公造化费疑猜”来转评那吉高朗洒口奇观也很恰切。

高朗河盛产各类石材，沿河各村居民曾到河中择石材建房子、铺道路、筑堤坝。最有趣的是散布的七彩河石，大至数吨，小如鸡蛋，金黄色、浅蓝色、猪肝色、淡红色，有的多色兼有。2019 年 6 月 1 日中央电视台播放的《中国影像方志》恩平篇，提到“恩平素以盛产石头闻名，其主产区就位于石头村所在的那吉镇七星坑原始森林”。清代学者屈大均所著《广东新语》记载：“岭南产蜡石，从化、清远、永安、恩平诸溪涧多有之……”高朗河也产黄蜡石，其中一块重约 4 吨价值几千元的黄蜡石，被高朗人视作“镇村之宝”，刻上村名，立于村边，永世怀念。

高朗虽因国家需要，由那吉转而隶属于河排林场，但行政管辖权的转换无法改变高朗与那吉的山水相连，人文相亲，习俗相同，交往密切。例如高朗用电一直属那吉供电所辖区。2016 年 9 月 14 日《中国养殖网》以《江门恩平局：小牌匾大服务，养殖户直呼“好周到”》为题，报道那吉供电所热心为辖区用户安装用电知识宣传牌的事迹，文中有“家住那吉镇高朗村的黎伯告诉笔者……”一句，体现出高朗村有许多民生项目与那吉镇密不可分。如今高朗村民大部分住在恩城，另有些住在那吉圩，都对家乡充满热爱之情。“高山流水鸟语花香人人兴；朗地沃土锦绣家园代代旺。”这副“鹤顶格”对联构成村魂，形象地融入高朗村名、历史典故、优美成语，概括高朗地形地貌、环境特色及村民对家乡的衷心祝福。

（本文作者：梁纯洁　黎国生）

一座神话般的金矿

恩平市那吉镇的“大肚老婆”山里埋有重约12斤的大金石，是1933年受雇的淘金乡民埋下的，这一公开的秘密在当地淘金者中流传了70多年，吸引了大批淘金者、旅游者前往挖掘、探访。

恩平市那吉镇的“金山温泉”名声在外，其得名于距温泉4公里处的一座金矿，当地人称为“金山”，土名“大肚老婆山”。1932年，人们首次在此发现金矿，来自本地以及外地的淘金客闻风而来，争相淘金。当时两广盐运使陈维洲率兵一营抵达金山，雇1000多名乡民淘金，历时一年。带着对这段历史的浓厚兴趣，我们来到那吉镇南部的大肚老婆山，透过郁郁葱葱的树木，钻进矿洞，感受当时淘金的盛况。

第四号金矿洞的诱惑

来到金山温泉，前行约1公里就来到那吉镇，这是恩平的山区小镇，层峦叠嶂，七星坑原始森林西南部属该镇辖区。穿过小镇，有一种过滤后的宁静，当年淘金鼎盛时期数千人在此活动的印迹已无处可寻。稍加打听，镇里的居民向我们展示了当年的淘金工具，并指示了金矿的方向。小镇的街道不长，不消几分钟我们便来到小镇尽头。

拐过一座小桥，向东南方向行4公里，来到莲塘村，一位当年淘金者热心充当我们的向导。走过村后的黄泥路，在一个土鹅养殖场处拐上池塘堤坝，穿行在弯弯曲曲的小路上，一座高大的山浮现眼前。向导说，那便是大肚老婆山了。来到山脚，一条小溪隐约在杂草中，水很浅，却极清，几个慕名前来的游人比我们先到，在当地乡民的指导下用淘金铁锅在体验淘金。向导容达才说，1933 年，当地群众首次发现这条小溪可以淘到金子，知情者争相去淘金。细心的人发现，不但小溪可以淘到金子，流进稻田里的溪水也可以淘金。当时淘金工具极简单，就是铁铲、铁锅、簸箕等。

人们在莲塘村附近的山溪溯流淘金，一直淘到大肚老婆山脚，人们抱着碰碰运气的心理往山里挖掘，居然也可以挖掘到金子！有人采淘到最大的金石重达 2 公斤——大肚老婆山是一座金矿！消息不胫而走，来自恩平、阳江乃至省外的淘金者蜂拥而至。最热闹的时候，上山淘金人数达 5000 余人，山坡上淘金矿洞达 300 多个。

当时两广盐运使陈维洲闻讯，率领宪兵营至金矿，雇 1000 多乡民淘金。容达才说，那是一段悲壮的历史。在宪兵近乎严酷的管理下，乡民为了挣取微薄的工钱，拼命掘土淘金，因疲劳过度，常常累得头昏眼花，但不许停下来休息。如果矿井挖深了，会导致泥土疏松，矿井崩塌，掘金的乡民葬身矿井的事故时有发生。即便是冒着生命危险，也赚不了多少血汗钱，于是有的乡民采到金子后，没上交给宪兵，而是偷偷藏起来，试图带回家，被宪兵发现后，难免遭受毒打。这激起受雇乡民更大的怨恨，采到金子时如果宪兵没在场，即使带不出去乡民也想方设法藏在矿洞里，做个记号，以期日后有机会带走。期间，一位容姓矿工埋在第四号矿洞内的“金蛋”重达 12 斤！

因管理不善，陈淮洲在兵营雇人淘金一年，淘到金子 100 多斤，便打道回府了。乡民陆续寻到埋下的“金蛋”，埋在第四号矿洞的最大“金蛋”却因日久，记号含糊，再也找不到。宪兵撤走后，四方乡民再来淘金，第四号金矿洞成了一个极大的诱惑。埋在其他矿洞的金子尚是未知数，而藏在第四号矿洞的大“金蛋”却是公开的秘密，其吸引力可想而知。

有人淘到一块 2 斤重的金块

山很静，可以听见远处的鸟叫声。山谷的小径上交错着茅草及藤条，向导在前面用手和身子拨开草，给我们带路。他一边走一边说，这条山路现在看起来与其他山路没多大的区别，但淘金鼎盛时期这些地方光秃秃的，树被砍光了，草被踩坏了，整个山几乎被矿井挖出的黄泥覆盖了，从远处看，“大肚老婆”成了一座锈红的山。

走到山脚的小溪，向导翻出一块金石给我们看。这是一块拳头大小的石头，石的一端看起来没什么异样，但翻过背面，却另有乾坤，密密匝匝挤满了六角形晶体，闪着晶亮的光。容达才说，与这种矿石挨在一起的便是金石了。我们饶有兴趣地寻找奇妙的矿石，看着晶体梦幻般的光芒，感到十分兴奋。

跟在向导后面，我们去寻找矿洞，多个矿洞现已掩藏在荒草之中，不经人引路，确实难以寻找。快到矿洞时，茅草渐密，尽管向导在前面开路，我的手臂还是给带齿的茅草割开一道血口子。

向导指着地面灰蓝色的石块说，不亲身淘金是不知道其中艰辛的，人们为了淘到金子，不断深挖矿洞，若遇到这样坚硬的石头，得用铁锤击开。

来到矿洞口了，原先光秃秃的洞四周现已杂草丛生，洞口遗弃了一双布鞋和一个淘金用的盘子。容达才说，采金矿洞有 300 多个，深浅不一。

容达才一边说一边亮起探照灯，要进矿洞了，我打着手电筒跟在他身后，穿过一条黝黑的矿道。我们走了 20 多米，前面还有去路，右侧却出现一个深陷的矿井。容达才说，这是第一层掘金工作面，这么大规模的挖掘工程，依靠的是铁锄、铁锤等。在阴暗潮湿的矿井里，淘金者常常是在蜡烛的微暗的光线下，赤着膀子干活的。为了能采到金石，有的矿井甚至挖至近 400 米深，从山的这边穿到另一边。

黝黑的矿洞里，光线变得梦幻，而当年的淘金者仅靠着点点灯火照明，没日没夜地挖掘。采挖的条件也很简陋，矿井上方架着简单的井架，悬挂着一个用生铁焊接成的简单笼子，淘金者依靠这些简单的设备，被送下矿井，干完活再坐在笼子里吊上来，那近乎原始的开采方式，没安全保障，导致有的淘金者葬身井下。

容达才说，他曾淘到一块重达 2 斤的金石，纯度极高，轰动一时，引来不少淘金者向他取经。容达才也乐得跟淘金者交流经验，他说挖金子要先掘到“金路”，所谓“金路”，即是颜色较深的岩层，近似金子的颜色，明显区分于别的岩石，顺着“金路”挖掘，很容易挖到“金苗”。“金苗”是呈藤蔓状走向的岩层，一般由两种岩石构成，一种较软，一种较硬，松软的用手触摸有嫩滑感。当然，松软是相对于硬的岩石而言的，因为还不能用手捏碎，但用锄头轻轻可锄开，一直挖下去便可挖到金矿石。刚挖出的金矿石通常被一层黑灰蒙着，要经过淘洗，含金量不高的矿石要用锤捣成粉末，再倒下水银，鉴别出金子。

容达才还特地说出淘金的窍门：先要看准“金苗”，若“金苗”的纹路是直的说明金子多，那就要瞄准“金苗”往下挖矿洞。用这个方法，容达才淘到了 2 斤的金子，轰动一时。他除了自己淘金，还与村人合伙挖。他曾试过与 11 个村民一起，挖了一个夜晚，采到 600 斤金矿石，淘出金子 36 斤。当时金子卖出的价值是每两 120 元，他们共卖得 4000 两白银。数千两白银是用牛车拉回来的，12 人平分白银，每人分得的银子价值，在当时可以建一栋漂亮的房子。

神话般的金矿

大肚老婆山以其金矿储量巨大而闻名遐迩，金矿被发现至今已近一个世纪，经几十年的挖掘，密布着大大小小的矿洞，可见金子对人的吸引力之大。

当地民间盛传，1932 年末，时任广东省省长陈济棠曾秘密带人到此处探测。陈济棠对金融有着特殊的敏感，他委托美国钞票公司印制的一种货币，叫“大洋券”，并交由广东省银行发行流通使用。他得知恩平有一金矿，立即派人秘密勘测。由于当时国内军阀混战，还有技术和资金等方面的客观条件限制，以及金矿地形较复杂，勘探范围不广，并没有发现大的金矿带。

此举动后来才引来两广盐运陈维洲至此淘金，因当时采用原始的采淘方式，以及管理不善，受雇乡民心怀不满，把挖到的巨大金石藏匿起来，其采淘的结果不尽如人意。一直来混乱而无序的挖掘，以及原始的露天开采方式，导致更大的金矿带反而被掩埋了。

其实，大肚老婆山被淘金者称为“神话般的金矿”，这种说法并非空穴来风，淘金者动辄采到 10 多斤的大金石，有的含金量为 999，因为纯度极高，根本无须提炼。村民从开始的沿山溪淘金，直至顺“金山”挖金，采到的金子越来越多，从而惊动了整个那吉镇，甚至阳江地区、广东省城，各地淘金者蜂拥而来，从此“金山”被大规模开采。

当时淘金者技术以及器械良莠不齐，仅凭借铁锅、水银等，收集泥土表层的冲积金。陈维洲率宪兵采淘的设备稍为先进，有当时一流的洗矿机器，可以直接将黄金从泥土里分离出来。因设备完善，受雇的乡民才能采淘到一个 12 斤的“金蛋”。至今人们仍然相信，大肚老婆山肯定有更大的金矿带，因为经人们采淘无数次的山溪，时时还可以发现沙金——含量较为零散的石头。

登上大肚老婆山顶，你可以饱览凌乱采淘的金山全景，几十年来遗留下来的新新旧旧的矿洞，记载着淘金的历史，保持了历史风貌。从 20 世纪 20 年代开始，人们在此发现黄金后，淘金者艰苦的生活痕迹犹在，矿坑、帐篷、鞋子、盘子已染上岁月的斑驳。

当时村民说，穷人才去淘金。看我一脸迷惑，他们解释说，淘金难免一身泥水一身汗，有钱人是不屑于去干那活儿的，他们一般雇人去采。对着帐篷，人们会对你说起一件淘金的惨剧。过去有个年轻的淘金者住在山脚的帐篷里，半夜山洪暴发，导致山泥倾泻，压住了帐篷，年轻人连同采到的金子都被水冲走了。血腥与财富并存的金矿依旧吸引着无数的淘金者，有的离乡别井，携着或原始或先进的探矿工具，日夜埋头采矿和淘金。翻越在山谷间，可以看见破旧的挖掘机，再看看这幽静的山野，我的耳边似乎听见隆隆的开采声。

锣鼓仔响叮当，
那吉出了个新金矿，
条名大肚老婆，
近着旧莲塘。
农历四月廿八，
弯腰捡石团团有（金），
天光廿九金浦（浮）头，
采金传出人知道，
四方八水刮（涌）来淘……

这是当地流传的一首民谣，唱的便是大肚老婆金矿采金的盛况，其中农历四月廿八便是首次发现金矿的时间，据说人们弯腰捡到的每块石头都含有金子，其丰富的含金量可想而知。

微型钻孔机、磨砂机、小型铁铲、盘子……在一些或浅或深的个体矿洞里，可以看见丢弃的淘金工具，或远或近的淘金者每天就这么努力挖着，用沉重的铁锤敲出一个个洞，一发现金矿带就把临近的洞打通了，一直顺着金矿带挖出一桶桶混有金子的泥土。

容达才坦言淘金也要讲运气。他是个乡镇干部，难得有假期，有一年的中秋节一天就挖到一斤金子。后来年纪大了，没办法亲自去挖，就对本村人进行技术指导，结果采到金子六七公斤。容达才说，他现在仍可以采到金子，大肚老婆山仍有巨大的金矿带存在，只是山的表层被翻遍了，浮泥掩盖了金矿带的痕迹。他采金几乎不会空手而返，窍门在于一个“巧”字。每次采挖前，他必先细细察看，先从鉴别土质入手，一般金矿带附近的泥土及岩石均有油腻感，手感较滑。在容达才的指导下，我在一个矿洞挖了些泥土，拿到山溪里淘，果然淘到一些沙金。

“大肚老婆”意为“孕妇”，既说圆圆的山形像孕妇的肚子，也暗指这是一座永不枯竭的“金矿”，源源不断的金子将会重见天日，就像一个个新生命的诞生。近年来，世界上几乎没有发现新的大金矿，今年黄金市场仍将供不应求，导致价格不断攀升。大肚老婆山，这个神秘的金矿，究竟还隐藏着多少金子呢？

（本文作者：黎彩娟）

恩平惊现沉睡水底30年的墟市

面积达75平方公里的清湾综合场位于恩平的西南部，南接阳江、阳春。清湾境内山峦起伏，林木茂密，在苍山绿水之间，有一块面积约9平方公里的盆地，土地肥沃，人杰地灵。曾经，清湾墟建立于此地，周围有10多条村庄，居民达数千人，昔日熙熙攘攘，鼎盛一时。

1970年锦江水库水位上升，将淹没清湾墟，村民们服从当地政府安排，告别了祖祖辈辈生活了500多年的家园，迁至县内各地。而被水库淹没了35年的清湾墟市，因近年水库水位骤减，现出原貌，让人称奇。

不到清湾非好汉

“东边日出西边雨”，这是恩平春夏之交的天气特征。几缕撩人的春风及灼热的阳光伴着我们踏上探险的征途。探险成员有恩平“野鹰探险队”队员4名，还有我——尚在考察阶段的准队员。绰号“总统”的“野鹰”队员卖了个关子——恩平有一处即使有钱有时间也不一定探访得到的地方，而必须天时地利的契合才能见到——一个淹没于水底35年的墟市因干旱首现原貌。这个消息无疑激起了我们极大的热情。

队员们驾驶3辆摩托车，从恩城出发。我抢着乘坐“总统”的“座驾”，西行23公里到了那吉镇。一路上，我们尽情享受春风的轻抚，饱览四野风光，倒也逍遥。

途经金山温泉至黄角墟，我全身的细胞开始有点紧张了。因遇上修路，原先的黄泥公路改铺水泥路，路面泥泞不堪，摩托车轮在勉强允许一个轮子通过的泥路凹陷处慢慢碾过，我全身的肌肉绷得紧紧的。

“柳暗花明又一村”，车子驶过泥泞路，在盘山公路上蜿蜒而上，可观赏到山脚古朴的村落神韵，漫山遍野开满了雪白的野花。黄角墟到了，错落的房子掩映在山野绿树间，鸡犬相闻，行人稀落，顿生返璞归真之感。

穿过黄角墟，山路的险要程度再次升级。才下过几阵太阳雨，裸露的黄泥被车压成了路，夹在山麓之间，时见大石如巨兽匍匐在地，欲向路人压来，再加上湿漉漉的黄泥山路，我惊得手心都出了汗。

才缓过气来，车子下坡了，左边是山坡，右边是悬崖峭壁，山路狭窄，有的路段还被山雨冲得坑坑洼洼，我们的车子稳稳地贴住山路慢行。万一车轮向右微偏，就会摔至几十米深的山脚，其惊险程度早已超出我的心理承受能力，我不由得紧闭上眼睛。

太阳照在“草原”上

车子突然停下。我睁开眼睛，看见一块偌大的盘地——我更愿意说它是“草原”，它具有草原大与绿的特点，数十万平方米的绿地与远山相接。而那草的绿色，让人过目不忘，嫩嫩的小草破土而出，均匀地覆盖着平地，绿得鲜嫩，绿得均匀，泥土松软而肥沃。

远处，很多头水牛在悠闲地吃着草，一位背着竹篓的老人在照看牛群，时而吆喝着四条狗，时而吼几句粗犷的山歌，乐也悠悠。

“总统”告诉我，我们脚下的“草原”便是广东第三大水库——锦江水库的库底，正常情况下，库容水位深达 94 米。原来，我们站在 94 米的“水”底！如今，因为干旱，此处水位相对较浅，底部便赫然显露。

蹚过历史的河流

我极不忍心地踩过绿草，再行数百米，一条小河拦住去路，小河清清浅浅的，河面全是流沙。对岸有几块巨石，约 10 米高。看牛的老人走过来，热心地指点我们，要在河面较宽处过河，河面宽，流水就平缓，水位相对较浅。

我听罢，马上一脚伸进河里，流沙却似沼泽，我慢慢陷下去，河水眼看漫过大腿了，我惊慌得大叫。队友离我较远，一时回不过神来，好心的老人一手扳住我的手臂，把我连拽带拖拉出河床，看着我的狼狈相，队员们哈哈大笑。我们试探了好几处，才在河床较坚实处过了河。

就在我准备抬脚上岸时，脚底踩到一硬物，我一摸索，原来是一根古木！队员过来帮忙，扒开流沙，一根长约 2 米的古木露出“庐山真面目”，树身起伏，自然弯曲，线条流畅，顶部翘起，颇似朝阳丹凤。“总统”细细察看树表，沉思着说:“这根古木浸于水底约一个世纪了。”我们一阵欢呼。

上了岸，我们直奔巨石，一个劲儿地拍照。老人说，过去人们称这巨石为“洞企石”。我明白了，意为“直立的石”。这条流淌了千百载的河流，盛满了历史的重量。

百年鼎盛清湾墟

我们继续穿越“草原”，好一会儿，还是茫茫一片。那古老的清湾墟市遗址呢？我一脸茫然，老人指着前面说，快到了。我借着耀眼的阳光，果然隐约看见一行平整的石头。走进一看，是清湾墟！是残墙断垣！占地有 20 多亩，盛极一时的清湾墟淹没于水底近 35 年，商铺的石墙早已倒塌，但倒塌得很有次序，大碓坎、泡头菜的水池、碉楼墙脚等清晰可见，

4条主要街道纵横整个墟市。

老人指着一间间建筑的陈迹，告诉我们这曾是百货、粮所、食品站、学校、卫生院、供销社的所在地。我惊疑地察看一处石头少、跨度大的残墙：这究竟是什么大型的建筑物呢？老人说，那是墟廊，相当于现在的露天市场，每月逢一、逢六的日子为墟日——集市的日子，看着空旷的墟廊，昔日熙熙攘攘的闹市依稀可见。

清湾建墟已有二三百年历史，自李姓家族从新会石步迁至清湾深山老林之时，即建墟于此。20世纪50年代末，此地曾称“清湾公社”，含60条自然村，5200余人。很难想象，数千商旅云集于此，会是怎样摩肩接踵的景象。

墟市西边有一倒塌的碉楼，碉楼已历经近一个世纪的沧桑，由当时的有钱人建成。新中国成立前，盗贼横行，贼人多次攻打碉楼未遂，可见其牢固程度。我用石头敲击断墙，墙体非常坚硬。据说，这是用石灰、细沙和黄胶泥混合后，再用木板夹着墙体，把混合泥倒进槽内，最后用力锤成的墙体，当地称“夯墙”，意即墙体不是砌成的，而是用大锤敲击而成。后来，锦江水库建成，水位上升，淹没清湾墟，碉楼多年不倒，但因影响锦江水库渔业班作业，最终被炸掉。

古榕树矗立依然

墟东一棵黝黑的古榕吸引了所有队友的眼球，我们5人手拉手环抱古榕，也不能环树一圈。泥浆没过根部，沾满了成片的砚壳、螺壳。几个巨蚌张开蚌壳，在水底的榕树洞生活了多年，不想一朝水干了，可能还没反应过来，不适者自然无法生存了。古榕满树沧桑，树皮腐烂掉，树身似刀削成岩。当年库水没过古榕，古榕的枝叶烂掉，数米高的树身依然耸立，展示犹存的昔日风姿。

老人回忆说，树荫下曾设有收购站，专门收购农产品。收购站旁边是商会，很宽敞。新中国成立前，恩平的戏班子为避战乱，一度暂居清湾墟，在商会搭了个戏台，做了几个月的大戏，热闹非凡。

清湾山外有山，山外多次烽烟四起，山里却是太平盛世，是世人所向往的世外桃源。清湾河还是连接清湾与恩平五邑的主要交通要道，村民用船或竹筏运石灰、山货至广州，新中国成立后交的公粮就是用船只运至当时的恩平县城。

为“水利”清湾人舍弃家园

老人一边对我们解说清湾墟的历史，一边不时地说:“吃惯住惯不及清湾。”怀旧之情溢于言表。老人说，清湾最让人割舍不了的是肥沃土地，种什么庄稼都会有好收成，地里没有间杂影响耕作的石头。并且，清湾虽然山多，但有山必有路，交通便利。细想一下老人的话，有山必有路，也说明当时清湾人气旺盛，走山路的人多了，便处处是通途。

老人还带我们察看“墟头”的水磨，所谓“墟头”，即是墟市的北部，绕清湾墟而过的河水东流，上游地带便被当地村民称为“墟头”。老人说，新中国成立后，清湾人即建电站发电，还利用水力带动水磨磨米。清湾当时即用上水力、火力的方式改善了生活，与周边地区相比，无疑先行了一步。

靠近水磨，又有一堆倒塌的石头，我们在石墙之间找到一些瓷碗、香炉的碎片。老人说，那是一座庙的遗址，名曰“飞来庙”。当时，庙里香火鼎盛，天天有人烧香，连阳江人也来求符、择日。“择日”是指在建房子或结婚前挑选个好日子，热心的老人解释说。每年农历正月二十一还放鞭炮拜神，巨响响彻山外，以此盛典从庙里接社主菩萨回村，守村治邪。那时清湾人安居乐业，人气鼎盛，难怪老人难舍清湾。

顺着老人指的方向，我们看见水库边有一座山坟，清明才过，山坟被精心修整好，坟头还挂着白纸。老人说，那是清湾李姓先人的坟，每年有数以千计的清湾后人来拜祭，人们称山坟为“龟回头”。仔细看看，还真像，两座大小的山斜靠着，恰似乌龟的身体和头部，尾部有两块巨大的圆石，似龟蛋。水库水位正常时，水刚浸没到坟脚。老人说，这昭示着清湾墟要淹没于水底，清湾人要迁高到半山腰或客迁他乡了。为了配合国家的水利建设，清湾人果然从此告别家园，迁到县内各地，有舍不得家园的，迁高到半山腰。

告别老人与清湾墟，我们艰难爬上半山腰的山路，依依回眸，远处的七星坑原始森林雾霭轻漫，清湾墟四周的青山苍翠交叠，清湾墟那平整的盘地却光亮耀眼，似有灵光四射，这灵光，发自“草原”，发自河流，发自这钟灵毓秀的土地！

（本文作者：黎彩娟）

金山温泉的前生今世

前生：躲在深闺人未识

当金山温泉以优雅富丽的姿态出现世人面前，她的前世逐渐淡出人们的记忆。有幸生在金山温泉故地，我愿以我的文字，叙述金山温泉的前生。

从能记事起，我便知道村子附近有个“热水锅”，有个神仙在地下烧水，地上的河水便变成热水了，供村民洗澡、洗衣服，还有的把红薯和鸡蛋放进热水泡熟了吃。到后来，躲在深闺人未识的“热水锅”居然成了大名鼎鼎的金山温泉，这温泉号称“天下第二泉”，好家伙，全世界排列第二，据说只有秘鲁的温泉敢与它媲美。

让我们走进金山温泉的前生吧。

从恩平市汽车站西行22公里，便到了金山温泉。金山温泉附近有3条村子，一条叫热水莇，一条叫那蓬，还有一条叫黄牛栏。最近的要数热水莇，村子就在温泉河的沙滩边上。从村名可知，“热水”就是温泉，“莇”是土名，意思是“沙滩”，这村名暗示村子就在温泉边的沙滩上。最远的是黄牛栏，走路也不到10分钟，这几座村庄里的村民祖祖辈辈的生活就没离开过“热水锅”。这“热水锅”在乡亲们的心里是那么亲切，是他们生活里的一部分。

当然，这“热水锅”也有点神秘，水的源头来自七星坑原始森林，九曲十八弯，那纯净的水汇流成了那吉河，流经那吉镇。那吉河流经那吉镇之后，胸怀一下子敞开了——地势开阔，河的流域面积变大，平日河面约50米宽，洪水来时，河面扩大三四倍，于是洪水退去后便形成一个宽大的沙滩，沙滩上有黄的白的鹅卵石，亮晶晶的沙子，可是一个好玩的地方了。

自镇上流下来一公里左右，那吉河拐了一个大大的弯，那个弯往热水荫村边拐。在那拐弯处，有奥妙了，原本冰凉冷冽的河水，突然有了水汽，像水烧开了，自古以来人们也说不出个所以然，于是就世代相传，说地下有个神仙，日日夜夜捡柴烧火，把地上的河水烧开了，好让人们洗上热水澡。

不过，也并非整条河段都是热的，那热水是有“眼”的，它的“眼”在哪里，河水深处不好辨别，在河水浅处倒能看个明白，因为它“突突”往外冒着热水呢，像涌泉一样开了水花，那深深浅浅的泉眼估计也有数十处。人在“热水锅”处过河，一不小心就会中招：一脚下去还是冷水，再一脚下去，却龇牙咧嘴跳起来，因为不幸踩中泉眼，那泉眼可是烫水呢。温泉冒出来后，冷的河水和热的泉水中和了，才不烫脚。

那“热水锅”边上的沙滩挺开阔，靠水处是密密匝匝的鹅卵石，还有几块黝黑的巨大岩石，那岩石大如屏障，可以遮住对面的视线，人们泡浴后常躲在岩石边换衣服。

河的左岸，是更大的沙滩，若是寻常洪水是淹不过沙滩的。人们在沙滩上开荒种菜，只是遇到好几年一遇的大洪水，那庄稼才会被沙子没顶。这沙滩这么大，是因为这是那吉河主流与一支流汇合于此，相当于两个沙滩了。

20世纪80年代末，还有人在沙滩边上开挖池塘，养殖罗非鱼。罗非鱼在冬天常被冻死，人们利用这“热水锅”的地热，调和了水温，帮助罗非鱼安全度过冬天。

罗非鱼尚且喜欢“热水锅”，那人们更懂得消受这天赐的福祉了。人们把“热水锅”泉眼周围的沙石扒开，水原本只及小腿，经过这么一扒，便齐膝深了。扒开的沙石自成三道小堤，挡了大部分冷的河水，让小部分河水与滚烫的泉水调和，温度适中。躺在小池里，沙石小堤当枕头，舒舒服服泡个天然浴，庄稼人周身疲累一扫而光。女人不好露天泡浴，于是挑了温泉水回家泡。勤快的农妇还用木桶或者箩筐挑了全家的衣服泡在温泉里洗。在上游，小孩挑一处最烫的泉眼，把鸡蛋、红薯、芋头放下去，再到沙滩上嬉闹一会。没多久，小孩转回来捞出鸡蛋、红薯，那泡熟的鸡蛋橙黄粉香，蛋白温软如豆腐花，一口下去，鲜鲜嫩嫩那个香哟！

今生：原生态温泉

“酒香不怕巷子深”，同样，“热水锅”也“泉热也不怕山路远”了。20世纪90年代初，外面的人们渐渐也知道“热水锅”是个好地方，于是决意建设金山温泉度假村。洒满沙石长满芦苇的沙滩被辟为平地，拔地而起的是欧陆风情的酒店，还有气派的会议厅、碧绿的人工湖、写意的岛中歌厅、优美的高尔夫球场……高楼别墅掩映在绿树红花中，“热水锅”翻天覆地变了样。

涓涓千年泉水，逐渐走进越来越多人的生活。当地人似乎也明白，“热水锅”的热水并非是地下的神仙烧水烧热的，而是由地壳内部的岩浆作用形成，这种温泉随火山喷发而生。在死火山一带，在地壳板块运动隆起的地表下，那些未冷却的岩浆会持续地、大量地释放热能，使附近带孔隙的含水岩层受热而水温升高。

水是这里的主角，大池小池占了一大半的空间。关山月的“温泉仙境”题词就在池边的壁画上，俊逸的笔法，杰出的画技，挥洒之间，变幻出难言的感觉，与这水、这云、这雾融合在一起，舞蹈般的文字，给这原生态温泉烘托出一种魅力。

温泉与时间共存，它喃喃诉说久远的历史，它清澈透亮，飞花溅玉——它有生命的活力！李时珍在《本草纲目》中记载，温泉主治诸风湿，筋骨挛缩及肌皮顽痹，手足不遂，无眉发，疥癣诸疾。很多人慕名而来，本来为了泡浴，来到后又遗忘了本意——被美所折服。走在温泉水面的回廊上，看光和影此时光明，彼时幻灭，云雾直面而来，整个人都感觉快要被淹没了。云雾饱含硫黄的气息，这是一种很特别的味道，但闻起来很舒服，或许因为它令人联想到健康的元素吧。

“热水锅”的水是一个引人探究的神话。它以温度划分为几个等级的池，最高温的一级池达 80℃，它处的位置稍高，一股长长的流水奔走，欢快而畅通，直入形状各异温度不同的池子。在这里，温泉以各种形态存在，椰林池、伞池、亭池、冰池、按摩池、瀑布池、喷淋池、儿童池，20 多个池子，如一面面镜子，平置在地面上，波光倒映，静静地向泡浴者敞开胸怀。

若有若无的音乐，如远处的召唤，在草丛里，在树林间飘忽，如一缕天籁之音，却又轻柔到难以触摸，待你凝神倾听，它又似乎远去了——或者，这就是仙境。

金山温泉地处山区，森林原野，原生态的温泉，原生态的地方，让人感觉来到一块处女地。这里的温泉是温热的，是纯净的，是澄澈的。它很宽厚，很包容，全方位地接纳你、拥抱你。水面上的氤氲水汽，也在润泽你、呵护你。它的温软给你的欢喜，比初春的土地更湿润、更暖和。

泡在温泉里，任泉水温温热热地浸没身子，你可以轻漾着、静默着、孤寂着，任思绪天马行空。在桂花飘香的月圆之夜，圆月在天有多高，月在温泉的倒影，那颤抖的倒影就有多深——这时的水天之月不但深浅对称，更洋溢着原生态的韵味。

来世：不灭的光芒

2000年前后几年，金山温泉显露它的绝代芳华。它以“离地面最浅，未经任何加工或挖掘引流，肉眼直接可见滚烫的温泉从一级地底汩汩而冒，热气腾腾，纯属天然”而著称，一时人气鼎盛。假如遇到节假日，来的客人太多了，客房以及几个别墅区住满了，还有很多客人住不下，那么他们就会住到镇上或者民舍旅馆。不过，他们就是不愿意到城里住，因为他们想要享受金山温泉这地方清新的空气、纯净的水。

近年，金山温泉渐渐归于沉寂，不过，我相信它的光芒是遮不住的，毕竟它拥有上好的水质，独有良好的自然环境。

2011年6月的一个夜晚，我再来到金山温泉，依然是茂盛的榕树，蒙蒙的灯光，几点流萤，几声蟋蟀的脆叫，好一个宁静的夜晚。

金山温泉的规模很大，蔬菜基地、阳光孝诚养生家园、龙泉山庄、梦泉山庄、园中园、金山楼、金福楼、温泉山庄、养生区，布局疏落有致。快到池区，我抬头一看，那“天下第二泉”几个大字在高高的水塔上光闪闪的，仿佛与天上的月亮试比高。

金山温泉的廖经理告诉我，金山温泉地热丰富，出水量多，周围4平方公里都有地热资源，连客房用水都是温泉，连水塔下的停车场在冬天都冒热气——因为那地下有地热资源呢。

看泉眼的水昼夜不息，看池边蓬勃的植物，我坚信金山温泉的光芒不灭，如一面镜子，擦一擦，它会再度光芒四射。

（本文作者：黎彩娟）

丽山秀水沙河游

沙河，是恩平市那吉镇清湾的一个山区，是七星坑原始森林的出入口。那里的山如凝翠，水如玉液，空气如过滤般明净。在那里，可以近距离触摸原始森林，感知原始森林的神秘，可以耍水，可以赏石，可以捉鱼，可以一试 3 米跳台跳水，可以到石屋寻找落难姑娘的痕迹……沙河，让你品尝最本原的山野风光。

秀水滋养山里美人

我们从黄角墟一向沙河进发，一路上天空高远而明净，空气清新而润泽，如置身世外桃源般。车子一会儿爬上山顶，一会儿又在山下徐徐行进。这样蜿蜒了 10 多公里，逐渐走向沙河深处，一重又一重的山影渐次甩在身后，山上的树一丛丛的。微风中，叶子如微波翻滚，每座山的树丛的景象大概一致，看起来极易产生错觉，过了这山，意识还留在那山。

来过沙河的人，都忘不了沙河的水。即使是大暑天，置身沙河你也会感到彻骨的透凉。沙河的水以多种形式出现，山涧从岩石缝里飞漱而下，一道清溪与我们结伴而行，还有融入了千山绿意的大水库，呈现出碧蓝的颜色，看了心情特别舒坦。山涧飞花溅玉，一片雪白，山溪纤尘不染清可见底，水库莹洁如玉。黎明，林间升起滋润的雾气，你站着不动，也会感到雾气如水一样漫过来，似乎可见听见咝咝的声音，似乎有一种无形的东西渗透心灵。正因为沙河的水特别美，才有滋润身心的感觉。

沙河的水与人的生活密切相连，人们把竹节钻通，用作水管，直接引水饮用、洗漱。山外的人来了沙河，都说山里的姑娘漂亮，朴素的衣服掩不住花一样的容颜。沙河人很自豪地说，那是因为沙河水质好，所以喝山泉水的姑娘出落得水灵灵的，皮肤滋滋润润的。不单是姑娘得了水的好处，小孩多在水里泡大，长得壮壮的，老人多长寿。人们来到沙河，忍不住掬一把山泉水喝几口，再洗把脸，有的干脆泡在水里洗个澡，带一身清凉回去。

一试 3 米跳台的风采

来沙河玩，可以露营，可以住在山间旅馆。那山间旅馆的主人名李卓基，人们亲昵地称他为卓叔，70 岁的老人了，看起来是 50 岁的模样。老人常年光着膀子，胸膛带着太阳的光泽，布头短裤的裤带露在外面，一天到晚划着竹筏去捉鱼。老人的儿女在大城市闯了一番事业，要接老人到城里居住。老人住不了几天就回来了，他说习惯了沙河的清新空气，总觉得城里污浊，习惯了山里的悠闲的生活，总觉得城里生活节奏太快了。

于是，李卓基不顾儿女挽留，回到沙河，在水库边建了一排山间简易旅馆，提供给进出七星坑原始森林的游人居住。当然，也有不进入七星坑的，仅仅就在沙河住上一晚体验山里的生活。

只要你来到沙河，便可以看见这样的景象：狭长的水库坐落在山间，水库边零散住着几户人家。一只小狗趴在树荫下安静地睡觉，几只小鸡悠闲地在草地上觅食，偶尔侧着脑袋听水库的流水声。一道大坝拦截了水库的流水，水库的水倒映着天的蔚蓝以及树的苍翠，颜色显得很黏稠，一阵风吹过，微波渐起，显得很有立体感。

跳水是中国体育健儿在奥运会上夺金的强项，俊男美女入水的身姿令人惊羡。在沙河，你也可以一试3米跳台的感觉，跳台在山间旅馆前面，是一道别致的风景。

旅馆门口是水库，水库边有两棵粗壮的树，形成浓密的树荫，左侧的树身弯曲，老人顺着树势建跳水台，另一棵树树身较直，刚好建个凉亭，跳水台及凉亭均用木板建成，就地取材，令人不得不惊叹这是一项伟大的工程。木板搭成的阶梯刚够得上一个人上下，两侧是木扶手，阶梯与跳台刚好成直角，一块弹性极好的长木板横贯整个跳台，并在跳台前沿探出半米，整个跳台简单而巧妙，支点都在树干或大树枝上，很牢靠。

老人为了锻炼身体，每天跳水4次。有客人来，兴致浓处，老人会示范跳水。他健步跨上跳台，稳稳站在探出的跳板上，双手下垂，再半蹲一下身子，木板弹起，老人顺势一跳，整个身子一直挺挺地插入水中，顺势入水，压住水花也不呛水。老人道出秘诀：眼睛平视，不翻跟斗直着身子入水也不会呛水。老人水性奇好，用水草束住双手，他也可以游两个来回。

丽山刘三尖

旅馆背后是一座颇具传奇色彩的山——刘三尖，山顶削尖，明显高于邻近的山，像一支笔挺立在水库边。

在刘三尖山下仰望，巨石嵯峨，如人像，如野兽，恰巧来了一阵风，山巅上云雾影动，石人像和野兽恍恍惚惚地游走，鬼魅生异。

沙河老人的竹筏就泊在刘三尖山脚下，我兴致勃勃地跨上船，谁知身体失去平衡，打了个趔趄。老人哈哈一笑，敏捷地一手扶住我，他把一张小木凳放在船上，用桨平衡着船，示意我坐下，接着解开绳子，竹筏轻轻地滑行，直驶向对岸。忽然一阵山歌声传来，我侧着耳朵也听不出唱什么。老人告诉我，那是阳江山歌，用当地方言唱的。

有一年，有两个做买卖的阳江人途径沙河，看见两个年轻妇人在踩水车灌溉水田，想调戏两妇人，便唱道：

两个大姐在阴（灌溉）禾，
树上可（拿）个果来摸。
不如今日嫁给我，
盘龙大髻任你梳。

两妇人伶牙俐齿地回敬，用阳江话唱道：

死老禄，大虫拖，
你一条担杆（扁担）两个箩，
家中无一筒过夜米。
歌世（今世）想可（娶）老婆？

老人用阳江话唱阳江山歌，这山这水，配上这味道十足的山歌，人的心境一下子变得明澈了。

石屋见证姑娘的血泪

沙河还记录了一段日军侵华时期的泣血历史。

沙河电站坝下，有巨石裸露。清清浅浅的河水在石缝间流淌，顺着流水直下几百米，便可以看见在侧山脚有一块巨石。巨石前探五六米，形成一个天然的石洞。

日军侵华时期，中华民族饱受践踏之苦，五邑人民也不能幸免。当时有 20 多个姑娘逃到沙河，那些姑娘来自江门、开平、台山等地。在战乱中与家人失去联系，跌跌撞撞往深山躲避，来到沙河也没住的地方，只好携手渡河，在石洞里安顿下来。

石洞的地面平整，顶上的巨石可遮风雨，前面是小河，住得倒也舒服。但是吃却成了大问题。有沙河人心生同情，用米筒量了米给姑娘带去做稀饭，有个姑娘心生感激，嫁给了他——如今沙河人说的“量筒米娶个老婆”指的就是这个故事。

姑娘们有的被先后带走，嫁作人妇。被带走的并非都能过上好日子。姑娘大多是城里姑娘，一下子无法干粗重的农活，有个因无法挑水上坡，被丈夫休了，最终去向不明。没被带走的姑娘日子更悲惨。有一天在吃稀饭时，一颗炮弹打下来，姑娘们吓得四处逃散。人们来到沙河，看看黑黝黝的巨石，翻开那苦难的历史书页，也是一本鲜活的爱国教材。

到“鱼涌”体验捉鱼的快乐

石洞的巨石承载的是苦难，“鱼涌”的巨石承载的却是快乐。“鱼涌”的“涌”当地音“ong”，大意为石潭。“鱼涌”坐落在山谷，两侧是高山。山洪暴发时，水在石头上直流而下，经长时间的冲刷，巨石交叠，房子大小的巨石随便可见，有的如石磨，有的如大床。人们行至此处，看万山静寂，蓝天流云，听“鱼涌”山溪淙淙，似在讲述沙河的童话。

“鱼涌”的石缝间水流湍急，鱼溯水往上游跳，洪水过后的第二天鱼最多，一个中午可以捉一箩筐鱼。到了芒种、夏至时节，鱼就更多了。当地人将竹篾编织的“鱼笱”放在“鱼涌”狭窄处，鱼随水流冲下，因“鱼笱”里纺织着放射状的锐利竹片，鱼很难逃出来，过一会儿拿起“鱼笱”，便是半筐欢蹦的鱼儿，煞是喜人。老人拿出他的渔具，让我们体验了一回捉鱼的乐趣，果然捉鱼来得比别处容易。

我们在沙河兜兜转转地玩遍了，吃完了老人给我们做的鱼仔粥，沙河的水煮沙河的鱼，特别的鲜甜。不知不觉已经是傍晚了，沙河被一片柔和的亮色照着，这个比邻原始森林的山区，永恒地透着本原的味道，这本原的味道，正是原始森林最自然的气息。来过沙河的人无不为丽山秀水所吸引，依依不舍，宁一生为沙河人！

（本文作者：黎彩娟）

七星坑，原始森林的神秘诱惑

为了触摸七星坑原始森林的脉搏，感受到她神秘的色彩，我们夜宿七星坑原始森林。在清冽月光下，茫茫的原始森林深不可测，幽深的山谷纵横，棱角分明的岩石如巨兽，风嗖嗖地掠过，古道上贼人留下的血腥味依稀可闻，不可名状的各种声响诡谲幻怪，狂放不羁的野兽啸叫令人心寒……

森林古道——见证幽深的历史

经过周密的准备，穿上迷彩服，带上食品、帐篷、武器及药品，我们出发了。我们多次从恩城经那吉镇再深入沙河山区，那路途已亲切如回家。继续往前走，高峰林立，隐约在苍穹之中的云雾里，时隐时现，她的神秘、悠远和朦胧撩拨着我们的心。这次要在原始森林露营，大家的心情还是有点凝重。

车在山路上颠簸了近 2 个小时，我们终于到达七星坑口了。进入七星坑可以从山脊登顶而上，可以涉水经浊水潭、棺材潭逆流而上，还可以循古道进入原始森林。这次，我们是觅古道而入。

据史料记载，这条古道留下古瑶民的脚印，也留下清末的山贼滥杀无辜的血腥味。因时间久远，古道已被横生的草丛所掩盖，使原始森林变得更神秘。

一位老山民要为我们当向导，我们谢绝了，探险的惊险与艰苦只有在知与不知的变数中才能体会到。但这位好心的山民还是带我们绕过半山腰，因为那里埋有能把几百斤的野兽置于死地的剪子，人若踩上剪子非死即伤。

路越来越难走，参天的古树一棵挨一棵，有的树身上缠绕着难以数清楚的藤条，从树的根部一圈圈缠到树顶，然后从树顶上垂吊下来，在大树间攀附交叉。

我们摸索着在树与藤交错的缝隙里爬行，队友用短刀开路，甚至用身体把茂密的野草压向一旁，好让我们通过。这是一条古道，被枯枝藤条掩盖，时见卵石有序地排列着，裸露的石块成为古路基，被苔藓覆盖，在距山脚约 300 米的山脊隐约向莽林深处延伸。古瑶民踩出的古道，让我们嗅到历史的气息。

深入森林深处，不时见到残墙断壁，这是村子的遗址，一片荒芜，让人心情愈加凝重。对于裸露地表的石头排列规则，有人说这是七星坑少数民族划地为界的记号，有人说是为原始森林指示方向的标志，还有人说是瑶民拜祭土地山神的祭台。凉风吹走疲倦，惊悸的感觉幽灵般袭来。

七星坑古道上人为或非人为的标示，都会引导人的思维走进原始森林幽深的历史。

咸丰年间，恩邑乡人依锦江河两岸而居，山林里则居住着客家乡人，为争地盘，引发恩邑“土客械斗”，伤亡数以万计。同治五年，省府派万名湘军武力平息械斗，将客家人男女老少 4 万余人安置于海南、广西、福建、湖南的深山老林，历时 14 年的“土客械斗”终于平息。原始森林的村落遗址，是本土乡人、客家人还是瑶民留下的，至今还是一个谜。

染蓝缸——森林人类文明生活的遗迹

七星坑原始森林地处北回归线以南，是珠江三角洲地区唯一一片保存完好的原始次生林，林内海拔高低悬殊，复杂多样的地貌为要求不同环境的物种生存提供了有利条件，生物繁衍更迭非常活跃。郁郁葱葱的季风常绿阔叶林便是一笔不可多得的财富，无数的古树净化空气、涵养水源。

我们在古道上走了近 6 个小时，原始林海愈加苍苍莽莽。一棵有几百年树龄的巨榕让人驻足，树下有约 3 亩长势茂盛的砂仁，分明是人为种植的痕迹。拨开丛林，又是断垣残墙，循着零落的方形断墙，可推测是两间房子的墙基，用刀砍断交错的野草，只见地形呈梯状顺山势而下，连续三级，有序地排列着染蓝缸。这是瑶民在此生活的痕迹。

染蓝缸是瑶民用蓝草制作颜料、漂染衣物的作坊。在大片的竹林的遮掩下，呈三级排列的染蓝缸是圆形的池，共有 22 个，最顶端的一级有 11 个，中间一级有 7 个，最下面的有 4 个。最顶端的染蓝缸较大，直径约 2.5 米，以下两级依次较小，小的直径约 1.5 米。染蓝缸用石头砌成，表层是石灰，有的黏合得很好，有的被杂草缠绕，用手一碰，成片地剥落。池的下端有个用于排水的圆孔，依然畅通，池底长满高过人头的植物，几乎埋没染蓝缸，森林人类文明生活的遗址也湮没在历史的迷雾里。

元贞三年（公元 1295 年），恩平瑶民起义，官府把瑶民称为盗、贼、蛮。宋初，瑶民作乱。至嘉靖末期，官府实行灭族政策，发动官军大规模镇压 5 次，朝廷招安 3 次，并在恩平 13 处瑶山、46 处瑶寨的出入口，派 15 个屯兵营地驻守。瑶民只好抛山弃寨，逆锦江河道，攀大人山，越大田垌，穿那吉、清湾、沙河等地，遁入七星坑原始森林，在森林里繁衍生息。后经 200 多年的岁月，瑶民最终出走、消失……据说最后一批瑶民离开原始森林时，把栖息的房子推倒，把祖先的坟头铲平，以防止异族人的报复。

我们沿古道走了一天，确实没发现一座坟头，人类争斗的残忍，让人在原始森林中产生巨大的虚脱感。广袤无垠的密林，每前进一步都意味着恐惧，除了有猛兽毒蛇，有迷失道路的威胁，更有血腥的历史。脚下踩到不知是什么野兽的粪便，遇到尚有余温的野猪窝，山风里吹来一阵阵腐尸臭味，身体的疲累加上心理的虚脱感，让我终于无力再走，我躺在一块叫“石凉床”的巨石上。

巨石下垂挂300多米高的飞瀑，水声咆哮，透骨的凉风从峭壁袭来。我看着远处茫茫的剑竹林和纵横的山谷，顿生一种时空错乱的感觉，累积的疲惫逐渐消退，内心在寂静中得到歇息，与森林融为一体。

七星坑以其蛮荒的气质、神奇的生物世界和诡谲的传说，诱惑着我们在幽深的古道上挺进，诱惑着我们用最真实的一面与森林对话，这是一次生命的跋涉，一次心灵的考验……

七星坑——奇石异水的传奇

傍晚时分，极度疲惫的我们欢呼起来，终于找到可以宿营的地方了——在山坑边有几块平如晒谷场的巨石，即是当地山民所说的“石地堂”。

大家顶着月光，点燃篝火，有的用石头搭灶台，有的把帐篷渐次支开，在帐篷边沿洒上硫黄，用以防蛇防野猪。熊熊的篝火染红了9个帐篷，幽暗的原始森林在火光中忽隐忽现。天幕低垂，触手可及，星星格外的闪亮，似乎在与我们这些山外的来客对话。

有燃烧的焰火，有持武器站岗放哨的队友，我的心情渐渐平息下来，在远远近近的瀑布声中，在大大小小的各种怪异的声响里，度过了在原始森林里的第一个夜晚。

当第一缕曙光透过帐篷，我打了一个激灵，摸摸胳膊摸摸脚，人还好好的，心里忽然有种实实在在的感觉。在危机四伏的原始森林里，人显得特别渺小。

一个个帐篷纷纷打开，队友们都不约而同起来了，收拾行装，准备挺进七星坑。“坑”是当地的土话，意为溪涧，并非本意的“泥坑、地洞”。七星坑3条主坑之一——垃圾坑，其名“垃圾”当地音为“立级”，意思是“崎岖不平”之意。

七星坑是一条流经七星顶的山涧，七星顶海拔844.5米，因为山的顶部另有7座独立奇特的山峰，故称七星顶。七星坑由7条山溪迂回20多公里后交汇而成。充沛的水资源形成了七星坑腊鸭洒雄伟的瀑布群自然景观，绚丽多姿。

我们攀古藤，涉溪水，逆流而上。两侧是莽莽的原始森林，树木茂密挺拔，树顶交错着层层的古藤，在迷蒙的烟云里缓缓流动。脚下流水有时是静穆的，有时遇到断崖峭壁，形成奔腾的瀑布，洁白的流水以雷霆万钧之势飞泻而下，冲入黑黝黝的深潭，与周围黝黑湿亮的巨石汇成一色。

我们在巨石上匍匐前进，人根本不能站立，一站起来脚底就像抹了油，还没反应过来就滑倒。溪水较浅时，队友跳入溪中，用木棍插进石缝，给我们作支点攀爬。

约两个小时后，还是黑色调与白色调变换的水，黝黑湿滑的石，没走多远就是轰鸣的瀑布，飞溅的水花，没有一丝阳光，全身彻骨的冰凉。时见一棵棵横卧于溪谷的古树，千百年的树，千百年的石，千百年的水，书写着千百年的原始森林的传奇。原始森林古老的大树盘根错节，纠缠在山涧的水面，遮蔽着阳光，封锁着云雾，呼啸的飞瀑，还有森林深处阵阵的阴风，以及野兽隐隐的吼叫……

七星坑瀑布群中，最具传奇色彩的是“浊水潭”和“棺材潭”。流入“浊水潭”的水本是清澈的，注入潭里即变浑浊，流出时又是清澈的，而流速极快，根本没有沉淀的时间。“棺材潭”之名源自当地传说，山民说在那里有“妖女”诱浴而让人葬身水底。看水里的鹅卵石随波怪异地晃动，听身后传来刺耳的声响，是瀑布声、野兽的嚎叫，还是“妖女”的呼喊……我心里一阵惊悸。

在七星坑原始森林历经了三天三夜，我们终于走出来了。在原始森林与文明社会的边界，我们一个个倒头便睡，深受原始森林的神秘诱惑而决意探幽的灵魂此时疲惫不已。

（本文作者：黎彩娟）

原始森林寻宝大揭秘

神秘七星坑——蛮荒的历史、诡异的传说、凶猛的野兽世界

七星坑原始森林位于恩平市西部，西北与阳春市、阳东县两地交界，横亘于云浮、江门、阳江三市的天露山脉的南端，距恩平市区 57 公里，是珠江三角洲内唯一保存完好、面积最大的天然次生林。林区内自然资源丰富，自然环境复杂。

原始森林内山峦绵延起伏，北自七星顶，南至观音石，山峰海拔一般高 700 米以上，最低也有 200 米。七星坑离南海仅几十公里，因为林区内山峰高、湿度大，七星坑常年云雾笼罩，神奇的雾霭瞬息万变。

进入原始森林的探险者，无不感受到危机四伏的恐怖，攀爬在悬崖峭壁上，触摸雄劲起落的大山裂谷，听到腊鸭洒、垃圾坑的瀑布呼啸，掩盖不了的野兽的阵阵怒吼。

让人更觉恐怖的还有原始森林内的残垣断壁，那是古村庄的遗址，当年贼人血洗村庄，每在雨夜，远远近近会传来人们呼天抢地的悲号，墙根流出血水。在七星坑口小河边的“飞鼠洞”，有一块约 2 平方米的石板，人们叫这块石板为血石板。据说人们一踏上这块石板，脚板就会被染成血红，那是当年无辜冤死者的鲜血。

关于七星坑还有许多的传说：在七星坑峡谷，白天也可观看到星星；在垃圾坑捉鱼，捉获的鱼死后会“复活”，从密闭的鱼篓里跑回水里；在

棺材潭沐浴，会有美女出现，相伴泡在水里，忽听石头轰轰地滚落水的声音，却看不到石头的影子，沐浴的人最终被美女所害；在飞鼠洞，见水流入，却不见水流出；更离奇的是，有山民深入七星坑采拾药材，一条巨藤拦住去路，那山民抽出刀把巨藤断开，断开悬垂下来的不是断藤，却是两只血淋淋的手臂……

自古以来，人们一说起七星坑，便与许许多多离奇古怪的故事结合在一起，加上山峰之间落差极大，地形地貌复杂，毒蛇、野兽出没，有的山民甚至说，单枪匹马到森林里闯的人，没有一个能活着出来。就这样，七星坑被蒙上神秘的面纱，拒绝乡民的进入。

陈裕初藏宝——打家劫舍、无恶不作，敛得金银珠宝无数

充满恐怖色彩的七星坑原始森林，山高林密，易守难攻，过去一度是贼匪的天堂。其所属的清湾、那吉两地，是贯通广州、肇庆与粤西的水陆交通要道，官宦商贾不断，自然成了贼匪眼中的“肥肉”，拦路打劫之事屡见不鲜。贼匪平日在恩平的那吉、大槐，阳江的那龙、大八等地烧杀抢掠，一有官兵追来，即遁入七星坑。

清末至民国期间，七星坑有多股凶悍贼匪，有陈裕初、李圣炳、冯行三、李步云、黄集初、黄文郁等贼首，最大的贼匪当数陈裕初，旗下率有贼人 500 余人。陈裕初当年输了官司后，聚集众人，打着“劫富济贫”的旗号，做了贼首，后来贼多势众时，陈裕初率人杀了那个私通官府而赢了官司的财主，把其家财洗劫一空，从而“掘”得做匪首的第一桶金。

陈裕初的第二桶金来自地主的赎身钱。当时清湾潭洞村大地主李学润与竹洞村地主争夺田地，李学润许诺以 100 两白银请一贼人杀死竹洞村状师。事成之后，李学润反咬一口，那贼人一怒之下投靠陈裕初，合计抢劫李学润的家财。经周密谋划，陈裕初等活捉了李学润，威逼其以 2 万两白

银赎身。交易的地点是在清湾湖端电站的坝下，双方互架机关枪对峙，白花花的 2 万两白银让 10 多个担夫挑弯了腰。这一轰动事件引来不少乡人的围观。

之后，陈裕初又率众贼抢掠了阳春城，劫得大量金银珠宝。1943 年，某银行从城区迁到大八镇，陈裕初获悉，串联了七星坑周边的贼首合力抢劫大八银行，当时还动用了几挺机关枪。

清湾贼患猖狂，不少单身汉跟陈裕初去做贼，有些人金盘洗手之后透露了一些贼匪内幕：贼匪内部制度严明，分工明确，一般扛“鸡嘴锄”（两头尖的锄头）撬门的贼人分赃时得 2 份，有枪的 1 份，徒手的得半份。负责破门而入的贼人动作一定要快，否则会遭屋里人的反击。一般开门只需三个动作：一用锄头锄在木门框上，二用手把住锄头柄一撬，三用脚一踢开门。趁屋里人未反应，贼众即蜂拥而入。

陈裕初每次抢劫之前均周密谋划，所以极少失手。他对湖端、新龙、西冲坑三条村每年每村收取“保护费”，重点抢七星坑周边地区。他还垄断了两条“财路”，一是七星坑周边地区通向恩平县城的水路，二是联通南北交通的大槐路段，当时有车船经过，常遭陈贼抢掠。

陈裕初还火并别的贼众，把与阳江、阳春交界及那吉、清湾等地几个贼伙收在旗下。经笼络贼心，惑动民心，威逼官军，他的队伍日益壮大了，再经 20 多年的打家劫舍，数度陷那吉、围恩城、劫春城、抢那龙，敛得金银珠宝无数。

七星坑的严重匪患，使清湾、那吉一带民众深受其害。时任恩平县长的庄陶如亲率县兵，配合省军，在开平的沙岗、赤坎村剿匪 200 多人。陈裕初竟集约 1200 多贼匪，在七星坑口清湾村，扯起“天下无敌”的大旗，准备进攻县府恩城，最后被联军击败，俘获贼匪 600 余人。

后来，剿贼的风声渐紧，陈裕初决定把金银珠宝埋在七星坑深山里。他事先踩点，选择一隐蔽的山洞，命几十个担夫于深夜把金银珠宝挑进深山，用缸装好，埋在山洞。担夫一边退出山洞，一边用铁钎撬松洞顶的泥土，把山洞掩埋了一半，唯一的记号是洞口有两块合并的巨石，其中一块是搬来的。埋宝后，陈裕初开枪杀死所有埋宝人，连他的妾也不知道他确切的藏宝地点。

埋宝后，陈裕初授意其妾去香港买楼，做好潜逃准备。毕竟在七星坑生活了大半辈子，陈裕初难以割舍家乡情结，一下子下不了决心远走他乡，整日窝在七星坑。苦闷之中，他请一个干儿子喝酒，醉醺醺之中，陈裕初对干儿子吐露了关于埋宝的事情，讲了埋有金子几大瓦缸，藏宝的地点却说得很含糊，因此，陈裕初的干儿子、小妾成了亲耳听到陈裕初藏宝内幕的人。

新中国成立前夕，粤中纵队在阳江太洞击毙了陈裕初。咽气前，他断断续续地说了："财宝……山……洞……"陈裕初在七星坑埋有财宝的消息瞬间传遍了清湾。

1982 年，陈裕初的小妾第一次秘密带人从境外回来寻宝。因时过境迁，加之对当年藏宝之地的不确切，以及不敢大张旗鼓寻找，陈妾最后无功而返。后来又有外国专家以考察动植物为名，进入七星坑，也给乡民带来一个疑问：他们是否为价值 3000 万元的财宝而来呢？

寻宝 50 年——惊人的宝藏仍旧不见天日，仍旧使人着迷

新中国成立后陆续有人进入七星坑寻宝。当年寻宝者李卓基堪称"七星坑奇人"，他爱七星坑，以保护原始森林为己任。而今，他儿子在大城市有了自己的事业，欲接他出城，他拒绝了。他在森林边缘建了小屋，长年荡舟湖上，捉鱼为生，晚上吟诗作对，自斟自饮，一副隐士模样。

李卓基很久以前便听到七星坑埋有大笔财宝的事，他走访了金盘洗手改邪归正的贼人伙夫，捕捉到陈裕初埋宝的细节——当年粤中纵队队员

施计，要伙夫以庆生日为名邀陈裕初饮酒，趁陈裕初酒醉之时将他击毙。在酒席上，陈裕初也透露了一些埋宝内幕，偏偏没透露详细地点！

就这样，李卓基起了寻宝的念头。他从广西柳州买回寻宝工具——探雷器，拉上知情伙夫一行 5 人带上仪器等有关装备，踏上寻宝之路。伙夫当时已是 80 多岁的老人，行动不便，几人轮流背着走，走了大半天，当天下午 5 时进入七星坑。

几经周折，李卓基终于找到陈裕初贼巢的大本营。根据老人的指点，在贼巢四周寻找藏宝地点。当年的贼巢已被枯叶、泥土埋了约半米深，陈裕初居住的屋子离大本营约 500 米远。细细勘测，李卓基等人的探雷器果然听到“嘀……嘀……”的信号，几人狂喜，循声寻找，果然挖出 10 枚银币！出土的银币灰黑中泛着亮光，边缘有微小的残损。寻宝者们士气大增，继续使用仪器，“嘀……嘀……”声不断传来，寻到的却是粤中纵队剿贼窝时打烂的铁锅，埋在半米深的泥土底下，底部成瓦埕形，当时还引得寻宝者又一次狂喜。

也许七星坑原始森林太隐蔽、太神秘了，寻宝者一行在森林寻宝 3 天，尤其是细细勘探了可能的藏宝的地点——飞鼠洞，最终却徒劳而返。

历经半个世纪，原始森林的变迁已使宝藏蒙上厚厚的神秘色彩，一缸缸的金条、银鼎、金币、银币会永远湮没吗？

50 多年以来，价值 3000 万元的财宝成了一个充满诱惑的谜团。人们明确知道的信息是埋在一个山洞，但要在原始森林寻找一个隐蔽的、历经风雨变迁的山洞，其艰难程度可想而知。传说中的宝藏像磁铁吸引着寻宝者，寻宝者动用现代技术、先进工具寻觅，惊人的宝藏仍旧不见天日，仍旧使人着迷……

价值 3000 万元的金银财宝，你会永远被埋藏吗？

（本文作者：黎彩娟）

异国风情温泉乐园

“地狱”之泉

“地狱”二字似乎可怕，但这里面大有乾坤。很多人听说过日本的温泉很有名，但知道日本把泡温泉称为“逛地狱”的大概就不多了。恩平有一家温泉以日式风情而闻名，那便是温泉乐园，大家不妨来这里逛一回“地狱”。

在日本，据说猴子也懂得冬天成群结队跑去泡温泉，看来泡温泉的文化从人普及到动物了。泡温泉能令人舒坦放松，但日本过去管泡温泉为“逛地狱”，大抵是日本人把温泉和火山爆发联系在一起了，火山喷发过后，岩石都成了焦土，一个个“热水池子”出现了，恐惧之心便油然而生，于是就把温泉叫“地狱”，“温泉游”便是“逛地狱”了吧。日本的箱根是温泉之乡，那里的大涌谷、小涌谷，古代也被称为大地狱、小地狱。日本还有个“和尚头地狱”，温度近100摄氏度，翻腾的浅灰色的泥浆夹着小泡不断地由中央冒起，气泡破裂发出的“噗噗”声确像一群和尚在水中念经。

在日本可以“逛地狱”，不妨也来恩平的温泉乐园逛一次“地狱”吧。温泉乐园的水源在华南三大断裂带交汇之处，温泉蕴藏量大，且是自涌式的，连专家也说，这样流量的温泉，只要合理地利用开发，就不必担心它会断流。

在温泉乐园所在的那吉镇，如今的人们没见过火山爆发，自然没法和地狱联想在一起，在他们看来，温泉和邻家女孩一样可亲可爱。这些丰富的泉眼涌出热水，冒着热气，一年四季都暖和，当地人就用它来洗澡，免去了烧水的麻烦。后来人们又发现这泉水还具有一种奇特的功效，可以治疗一些皮肤病，即使再顽固的病在水中泡上两三次便可彻底痊愈。原来泉水中含有硫黄这种矿物质，它可以杀死附着在皮肤上的各种细菌，因此，温泉才得以远近闻名。

日本的温泉出名，因为一个获得诺贝尔奖的作家，温泉的名气就更加大了，那作家便是川端康成。日本的大小温泉一汪又一汪，千百年来奔流不息，一次川端偶尔进入景色绝美的伊豆山水下榻“汤本馆”，创作出小说《伊豆的舞女》。这名篇泛出的淡淡哀愁，笼罩伊豆的大小温泉至今，几乎给游客留下了一个伊豆的固有印象。川端康成后以汤泽温泉为背景，创作名著《雪国》，也同样引来一批又一批的游客，来体验作家笔下泡温泉的感受。

去一趟日本温泉不容易，那么，来温泉乐园吧，体验日式风情的温泉，在那些露天或室内的温泉里，听夜莺在歌唱。且不管你是以什么方式与温泉“亲密接触”，维琪浴也好，浮浴也好，甚至享受温泉“枪林弹雨”也罢，对温泉的体验都会自然而然从身体传达到精神。那文人笔下空灵幽远、似有似无的禅意及怨怨艾艾、纠纠缠缠的情感，会依然氤氲在古老的池畔，依然氤氲在潺潺的温泉水上。听着若有若无的音乐，构想一下那是否像极了日本艺伎歌舞？你一样能浮在水上，一样可以仰观天象、水面上的蒸气、缭绕水雾，一样可以体会“偷得浮生半日闲”的况味。

迷醉之泉

到令自己迷醉的地方去——人的天性都有这样的热望，那里最好是一个接近魔幻的地方。夜晚的温泉乐园，或许就是这样一个地方。在这里，让人有放纵感想的感觉。

一个夏夜，进入温泉乐园，你发现这是一个真正的乐园。尖角红顶的别墅群掩映在绿树红花之间，既优雅又宁静，既有着异域风情的味道，又传递了天人合一的潜在气质。白玉兰的幽香若有若无，嗅得到，把不住，令人产生甜蜜的幻视——无限的幻视妙不可言，不过，这才是放纵联想的开始。

温泉乐园里能让你产生幻视的东西太多了：隐没在树丛里的圆灯，如一轮朦胧满月，唧唧的虫鸣，树叶传动着沙沙的动静，天上几抹云影，几颗星星。浪漫的夜在温泉乐园内延伸着，它并不言语，只是静静地向来者敞开胸怀，告诉来者，这温泉之夜的美妙和浪漫。

你绕过几丛红花，到了池区，温泉池依台湾岛、海南岛等岛屿形状设计，池边上探出蕨草，显出几分柔美。水面上雾气缥缥缈缈，漫至池子两边繁茂的叶林和弯曲台阶，整个温泉乐园幻化成云蒸霞蔚的仙境。曲径通幽处，绿树葱茏，泉水淙淙地清脆地响——温泉之水是活水，这是一个被活水浇灌的乐园。

水的响声是声音中最美妙的，这温泉之水的美妙不单藏在池里，还藏在茶壶、酒桶和瀑布里。温泉在这里幻化成各种形态，在大大小小的池子里，有巨嘴茶壶，悬吊在池边，汩汩吐出茶水，源源不息洒落在池里，池里于是氤氲着茶的香气。酒桶呢，可以任人狂欢，一头钻进那大木桶，宛如钻进一个大酒罐，头脑和眼睛，都被酒香熏得甜甜地迷糊了——当然，前提是你要喜欢酒香。

还有瀑布，发出夺人心魄的声音，哗哗地倾泻而下，用水的语言展示水的气势。瀑布源自一堆巨石上，巨石上错落几枝杜鹃，还有一些不知道的红花，人家说“黄河之水天上来”，这里是“温泉之水花上来”了，站在瀑布底下，温热的泉水敲打在背上，几分痛，几分痒，之后是十分的舒坦——这令人迷醉之泉。

这温泉之水也隐匿在山洞里。瀑布旁边，有几个九曲回环的山洞，洞门分别名为“眠云”“梦月”……进入山洞，里面是不同温度的温泉和鹅卵石铺就的池子，每个池子还设了几个梯度的石基，泡在池子里，你可以挑一级合适的石基当枕头，静静消受这温泉之美。

“眠云”“梦月”之类的词汇，自然令人联想起唐诗宋词，这互相贯通的山洞，虽然没有帷幔，但自成天地。似乎有一群唐宋时代的仕女，偎坐在这里，吟咏风花雪月的词句，或抚弄古筝，曼声轻唱软绵绵的曲子。仰头是花，俯首是泉，洞外是花红柳绿——这是非常令人迷醉的方式，谁不幻想到这人间梦境迷醉一回呢？

这温泉乐园不是最壮观的乐园，但它是最舒适的教人迷醉之地。

天堂之泉

天堂乐园最简单的属性是水，是生命的河流。

有人说，温泉乐园是天堂里的温泉。

“洞天无染脂水生香，胜地有灵温泉试浴”，读了这对联，感觉满目都是流动的温泉，从池子，从曲溪，从飞瀑，从喷泉，无休无止地把你包围。泡浴者或静静泡在温泉里，或轻声嬉笑。三三两两的泡浴者在石径上缓步地遛，舒坦地聊。风柜、木屏风、斗笠……充满乡土风味的装饰，刻画出鲜明的乡土符号。小路静谧地延伸着，回廊和木房子闲散错落，葵树、蕨草、榕树……植物茂密至极，遮蔽着迷幻的灯影。

半轮明晃晃的月亮，优雅地挂在中天，从南方灌来凉风，叶子在簌簌地响，月光涂抹在这乐园土地上，亮光与黑影分明，落在地上一片斑驳。

我已记不清多少次来温泉乐园了，我很难说出它的特点，却感觉到它漫流四溢的魔力，勾引得我痴痴地发呆，一次又一次地来。或者，这泉的声音，就是一支曼妙的旋律，从源头到池子流淌不息，它并不鲜丽夺目，但它是如梦如幻的，令人漠视时间。在我心里，它悄悄潜入了，生根了，幻化了，变成一个超验的存在——舍不得离开它，这是一个复杂的情结。

这乐园般的温泉始终充斥一种闲散的气氛，那无形的色调飘浮在空气中。泉水不舍昼夜地流淌，刻录出生活的碎片。

有一次，在一个冬天，我来温泉乐园泡温泉，泡久了，到石板床上躺下歇歇。这石板床看似简单，只是一大块石板，但石板下是温泉，温泉的热烘暖了石板。我仰躺在石板上，让脊背充分接触石板，任热度慢慢熨帖背部，再热及全身，看顶上的木棚，周围的花草，放任思绪飘逸，整个身心得到充分放松。

正当我慵懒地听若有若无的水声，感受那天籁之音。突然来了一群游人，看样子他们也是刚从池里上来的，其中一个蹲下，用手一摸石板边缘，说："唉，还惨过睡天桥底！"

这热石板熨帖得我快活似神仙，他居然说"比睡天桥底还惨"！我知道他摸的是石板边缘，泉水热不到的地方，冰凉冰凉的。我无辜成了他嘴里"惨过睡天桥底"的人，忍不住笑出声。当我反应过来该告诉他这石板妙处的时候，他们已走远了，看来他错过了这"睡天桥底"的妙处了。

有一次，我在浴池的更衣室，刚打开浴室门出来，被眼前一幕惊大了嘴巴，一个浴后美女全身赤裸，袅袅娜娜从更衣室走出来，湿湿的卷发，齐及胸部，还滴着水。令我惊大嘴巴之处有两点，一是这美女气质高雅，身材高挑，曲线曼妙，无可挑剔，惊为天人；二是这美女居然在公共浴室众多人眼前敢于一丝不挂，还落落大方地在镜子面前梳理头发。

我的同伴眨眨眼，贪婪地看了还看——一个令同性都认为无可挑剔的女人，大抵是美到极致了。怎么解释那美女在众多面前赤裸身体呢？或者是她自信自己的美，也或者是这温泉乐园令人舒坦到极致，让美女感觉到靠近自然，于是以最本真的面目示人——只有裸体才能表达自己泡温泉后的舒坦感觉。

有一次，我偶遇了一群香港来的游客，他们来大陆游玩一周，也选择来了这家温泉，他们还是首次来大陆泡温泉呢！让他们首选的温泉乐园，大概总有吸引香港游客的妙处吧。

有一次，在温泉乐园泡浴的时候，沙沙地下起了雨。雨中泡温泉，又是一番体验。若在陆地，下雨了，就赶紧打伞或避雨，但在浴池中，你可以体验温泉的美妙，还可以任丝丝雨水落在脸上身上，体会酥麻的感觉。

人在面对水时，更在意的是精神的感觉。温泉乐园，总会带来美妙的感觉——这天堂里的泉。

（本文作者：黎彩娟）

那吉“鸡爪芋”

恩平那吉盛产的“鸡爪芋”，因其色泽金黄，香气扑鼻，味道可口而享誉岭南；更有药效功能，食之有益，后经一些华侨带至国外，在海外都享有美誉。

“鸡爪芋”因其芋叶形状像鸡爪，中指长，两指短，三枝杈开似鸡爪而得名。“鸡爪芋”全身都是宝，芋头可以蒸、煮，也可以煲汤，蛋黄色的肉质，味美爽滑可口。近年用它做月饼，是传统月饼改进的一大特色，黄澄澄的肉质既像蛋黄，又似莲蓉，食之甘香而不腻，形似莲蓉胜莲蓉。“鸡爪芋”还有健脾胃、滋阴补肾等药效作用。一些民间名医喜欢用“鸡爪芋”入药，把半斤生鱼洗净不开肚，放进煲滚的“鸡爪芋”里，一起煲烂至糊状，食后可治胃病，胃寒胃热均可，几十年的老胃病都有好转。特别是吃遍西药无效者，吃“鸡爪芋生鱼羹”都可见效，效果显著。鲜“鸡爪芋”苗可焖猪肉；“鸡爪芋”苗干煲出的汤是上等靓汤，清香甘甜，好饮有益，食后返寻味。不少旅居海外的华侨，回乡时都专门带一些“鸡爪芋”回去，或委托省亲的乡里带过去，让家人和外国人都尝其美味，“鸡爪芋”因此享誉海外。但“鸡爪芋”要懂得煮，否则会痒口：煮时不要揭锅盖，一直到煮熟才揭，这样味道才甘甜。

秋季，正是“鸡爪芋”收获的季节，绿黄色的“鸡爪芋”苗在秋风中摇曳；部分已挖起的芋头堆成小堆，在斜阳的映照下金澄澄；一些农户家煮着芋头，蒸气缭绕，香飘四巷。

（本文作者：梁景文）

七道碧水绕山来

广东七星坑原始森林，像七颗绿色的翡翠，镶在珠江三角洲西部边缘。这里流泉飞瀑，烟波浩渺，林密谷幽，奇闻古怪。过了七星坑，你会称赞天工造化之奇：七星坑的七座山，竟然依北斗星的方位排列。七座山排成北斗七星位置，还有一段传说呢！

相传很久很久以前，八仙在这里过海成了仙，位居二等甲级神仙之列，排在玉帝的七个妹子——织女七星姐妹之前。七姐妹愤愤不平，暗地商量要捉弄他们一下。一次她们对八仙说："八位仙长，既然是二等甲级大仙，想必有惊人的大法，我们七姐妹倒想见识一下！你们如果每人能在海上造出一座山来，我们众姐妹才服你们。"

吕洞宾潇洒惯了，不加思索，脱口而出："这有何难，只是如果顶穿了南天门，谁担当得起？"

众仙女以为吕洞宾在推托，哪有顶穿南天门之理？便齐声说："如果顶穿南天门，我们众姐妹给你撑住。"

老谋深算的张果老怕蓝采和道行不足，造不出山来，便上前道说："只是我们八个对你们七个，人多欺人少，我这位蓝兄弟就不参战吧。"

七仙女也知张果老的用意，只是怕看不成好戏，便说："好，就听张大哥的。"当即，八仙和七仙女偷出南天门，在南海斗起法来。八仙不愧是八仙，几万里的大海都能作起法来，哪怕这几座山？不一会，滔滔的大海之中，便冒出七座大山来。大山一个劲往上长，吓得七仙姐妹傻了眼，待要作法与他们相抗衡，又发现七座山竟然布成天罡北斗阵图，内有夺天地造化之玄机。七仙姐妹无法对抗，大山一个劲地往上蹿，眼看真要顶破南天门。大姐知道祸闯大了，急中生智，不顾一切地把身上的一条碧玉带——王母娘娘送给她们的防身法宝，抛了出去。碧玉飘带化作一道清流缠住一座山，山不再长高了。众姐妹一见也连忙把身上的玉带抛了出去，止住了七星山峰的上蹿。

山停在海上不再长了，而七星姐妹的护身法宝也没有了，以后再也不敢与八仙作梗了。海水渐渐退去，露出这片土地，八仙所造的山也留在人间，便是现在的七星坑。在七星坑缠绕的七道山溪，便是七仙姐妹的碧玉飘带了。这七道溪流似七道玉带银环，缠绕着七座秀美的山峰，白云缭绕，雾霭轻缈，似天上仙景。

在经济高速发展的珠三角，能有这样一块完好的原始森林，传说是因为八仙和七姐妹一直在保护着这方水土，山清水秀，从不污染，成为一块难得的绿色瑰宝。

（本文作者：梁景文）

热水锅传奇

那吉圩东边一公里左右的地方，有一眼温泉，喷出来的水，清澈晶莹，一年四季，热气腾腾，当地人称之为“热水锅”。患了皮肤病的人，只要在热水锅洗澡几次，便可消除病毒，恢复健康。为什么会这么神奇呢？这里面有一个曲折动人的故事。

相传古时候，天宫有一个叫阿娥的仙女，因为长得美丽非凡，被天神的独生子雷公看中，要娶她为妾。阿娥知道雷公作恶多端，动辄大发淫威，搅得天昏地暗，鸡犬不宁，甚至打死凡间人畜。阿娥誓死不从。雷公百般无赖，对阿娥纠缠不休，阿娥迫于无奈，征得父母同意，偷偷降下凡间躲避。

一日，阿娥化作一个衣着朴素的农村姑娘，蹲在河边洗衣裳。她羡慕凡间美景，憧憬人们的幸福生活，想在凡间找个意中人，结为夫妻，这样既能过上幸福生活，又能避开雷公的纠缠。一会儿，阿娥偶然抬头，看见一个英俊青年撑着一只小船在河中捕鱼。阿娥见这青年长得十分英俊，心里羡慕，一见钟情，她想向青年吐露心事，但又难以启齿。她灵机一动，故意跌落河中，大声呼救。那青年连忙丢下捕鱼工具，奋身跳下河，将阿娥救上来。阿娥见青年是个见义勇为的好青年，对他更加倾慕了。于是她鼓起勇气，对青年说，为了报答救命之恩，愿以身相许，做他的妻子。那青年诚实憨厚，如实说自己叫阿壮，是个全身长满毒疮的人，决意不肯连累姑娘。阿娥看到阿壮身上的毒疮，立刻想起这是雷公给人间造成的祸害。原来，雷公是个色迷，整天与妖魔鬼怪胡混，得了一身毒疮。他洗完澡后把污水泼下凡间，不少人被淋湿后都患上此疾。阿娥更加憎恨雷公，十分同情意中人和所有染上疾病的凡人。

阿娥回到天宫，把所见所闻和自己的心愿，对父母和盘托出。双亲深表同情，立刻取出一颗仙丹交给女儿，并教她如何使用。临别时，双亲特别叮嘱阿娥，雷公若知道此事，定会降暴雨发洪水冲走仙丹，保护仙丹的唯一办法是全身伏在仙丹上，不要怕滚水烫身，雷公狠下毒手也不要怕。阿娥一一谨记，辞别双亲，降下凡间，把仙丹埋入河床。霎时间，十丈见方的河床中间便喷出热腾腾的清泉。阿娥漏夜挨家挨户去告诉人们，到河中洗澡，自然除病消灾。

翌日一早，人们纷纷来温泉洗澡。长有毒疮的人果然越洗越感到轻松愉快，不久身上的毒疮便痊愈了。

可是，温泉的蒸气直冲天宫，此时雷公正在寻欢作乐，被蒸气侵扰，大为恼怒。雷公跑出天宫朝人间一看，知道是阿娥偷下凡间用仙丹造出温泉所致，他大吼一声，把天池里的水向凡间狂泼，顿时电闪雷鸣，暴雨如注，欲把仙丹冲走。

阿娥见势不妙，立刻奋不顾身扑在仙丹上面，滚烫的泉水烫得阿娥剧痛难忍。阿娥竭力忍受着，舍命保护仙丹。雷公见雷鸣吓不倒阿娥，暴雨冲不走仙丹，则吐出一条火龙，把伏在仙丹上的阿娥烧成了一堆焦石。阿壮见了悲痛欲绝，大声呼叫欲救阿娥。雷公又挥舞利剑，向石头劈去，随着一声炸响和一道闪电，石头裂开了，却见阿娥从容不迫地走了出来。雷公招数施尽，垂头丧气地躲回天上去了。阿娥见仙丹丝毫无损，温泉依然存在，脸上露出了微笑。她终于又回到了自己深爱的情人阿壮身边。人们纷纷向阿娥表示慰问和感谢，感谢她给人间除了一大祸害。

此后，雷公再也不敢来捣乱，温泉平安无事，一直遗留至今，供人们沐浴和观赏。

（本文作者：梁治荣）

恐龙时代珍稀植物桫椤

起源于恐龙时代、被称为“活化石”的国家二级保护植物桫椤在那吉南蛇田的山头发现。

发现这些桫椤的是恩城一班旅游探险爱好者。据他们介绍，当日，他们到那吉西北部土名叫狗头山的山上进行旅游探险，无意中发现隐藏在深山腹地一条山溪涧边成片生长的植物。其中有位历史老师惊讶道：“我们发现宝贝了！”大家闻声围了过来。“你们看，桫椤！这是起源于恐龙时代的植物桫椤！”

“啊！我们发现宝贝了！”众人大为惊喜，不约而同地叫了起来，一齐分享着意想不到的惊喜。有人立即用照相机将密密麻麻的桫椤群拍摄下来，并向恩平市博物馆报告。博物馆考古人员立即赶到现场，经过认真细致的鉴定，最后确认这些奇树就是桫椤。

据考古人员介绍，这种植物曾是草食性恐龙等大型动物的重要食物。桫椤又称树蕨，一般高达 3 ～ 5 米，圆柱形的树干笔直向上，树表面布满六角形的斑纹，没有枝条，叶子长达 2 米左右，都集中在树干顶端，叶子向四周散开宛如孔雀开屏。又因其像蜘蛛吐丝，当地人称之为“飞天蠄螃”。作为国家重点保护的野生植物，桫椤在我国云南、四川等地只有少量分布。恩平山区首次发现桫椤并且成片生长的现象，在江门地区极为罕见。这为研究恩平地区的植物种群分布、地质、气候提供了重要的科学参考价值。

（本文作者：梁治荣）

美丽吉祥吊钟花

说起大人山的吊钟花，我的耳畔就会响起禅院的钟声，脑海里就会浮现《地道战》的高老钟敲响了高高挂在老槐树上那口让中国人激奋向前的大钟，他敲响的是中华民族誓死抵抗日本侵略者决心和斗志的大钟，那是胜利的宏音。大铜吊钟，是中华民族几千年文明史的一个标志，黄钟大吕，妙韵千秋。我们大人山的吊钟花外形真像这口大铜钟啊。如果说小的，她也像一串乐韵悠扬的风铃，风铃是铜钟的缩影，而吊钟花则是铜钟精神的生命再现。

我曾亲眼得见吊钟花，故事在30年前。那年春节很快到了，我在恩城逛猪笼街，眼前一亮，看到前面有人在叫卖一些半人高的小树花，有的还是花蕊半开，很是鲜艳喜庆，春节放在家里是多么美好吉祥。我过去一问，知道那阿叔是那吉人，吊钟花是从大人山上取回来的。

我心头一热，就想亲自登上大人山找到这小铜钟一样美丽的吊钟花。第二天我约了几位朋友，一大早从大人山的北麓往山上爬去，寻了一天，汗是流了不少，吊钟花还是没找到。心有不甘，我们几个第二天买了果粽，带了水，来到大人山的南侧北后村，出了带路费，请了一个熟悉大人山吊钟花生长环境的壮年男人，让他带路，我们就不愁找不到吊钟花了。

这向导我们请得一点也不冤，他除了帮我们背水，还拨开荆棘，让大家走得很轻松。更值得的是他还给我们说了吊钟花的传说故事。看他一边爬山一边眉飞色舞地说着吊钟花传奇，我攀登的劲头都不知从哪里来了。

他说相传吊钟花在古时候，是白色的，后来有个美丽善良的姑娘上山打柴，一不小心镰刀割伤手指，鲜血滴在吊钟花上，很快那花儿就变成粉红色的了，像个美人儿，楚楚动人，姑娘就俯下身子，双手捧起吊钟花左看右看，一下子她手指不疼了，伤口也不流血了，很是神奇。这姑娘下山的时候，一步三回头，而吊钟花在石缝中好像向她含笑挥手。

我们都听得入迷了，一下子就爬到了山腰，猛然，眼前的景色让大家惊呆了。一大堆巨石在那里围拢起来，左一块右一块，前一排后一片，纵横交错就像喜鹊做的窝，向导说这是神仙吕洞宾为那吉的吉祥搭建的喜鹊窦，人来到这里就一定沾上喜气，一下子说得我们乐呵呵的。

离开喜鹊窦，我们向往吊钟花的心情更是难以形容，估计差不多要看到吊钟花了，顾不上擦汗，眼睁睁地远远地追视着前方每一棵树，寻觅的心情太美好了。

不久，我们来到了前面的一个相对宽阔的山坳，感觉到风在这里沉了下来，没有响声，很安静。马上，前面的石头堆旁边出现了一丛丛跟别的花不一样的宝贝花。我说那肯定是吊钟花了，向导说没错。

见到吊钟花，幸福吉祥的感觉马上涌上心头。我很有仪式感地一步一步地走向迎风摇曳的她，心里不由自主地生出一种敬重和一份爱慕。在我眼里，她的美太神圣了。我远看近抚，一会凝视端详，一会拍照，爱不释手。我面前的吊钟花树，长得比我高一点儿。引人注目的是她沐浴着阳光，亭亭玉立，大姑娘般地对你莞尔一笑，令你不敢回眸。树的主干不粗，犹如美人的细腰，但一触摸感觉很坚硬，且看起来挺拔庄严，枝枝丫丫不弯不曲地向上伸着，精神极了，绿绿的山茶般的树叶微风中泛着油亮，好看极了。让人着迷的还是那一树仙花，一簇花蕾在绽放，白白的花瓣伸展着，微微的风就像国画大师把鲜红的颜色泼向她，红色从上面向花蒂浸润着，花朵上下里外，红与白相衬，嫩与滑相应，一对一双地挨着，缀满了枝，挂满了树。说她像吊钟还不如说她是真正的红粉佳人，我眼里心里的吊钟花就是这般鲜艳、美丽、可人。

这一次，我一朵吊钟花都舍不得摘，只是拍了很多玉照，照片几乎存满了我的照相机。我真的像传说的那个用流血的手捧着吊钟花的姑娘，对那花朵儿充满了神圣的爱恋。

后来，为寻觅吊钟花，我也走过很多地方，爬过很多山，发现我们大人山的吊钟花跟别处的吊钟花有点不一样。我们的吊钟花喜欢生长在大人山的背风坡那吉一侧，大多都在海拔三四百米向阳的地方，别处的吊钟花树形和花朵都不如我们的吊钟花感人，有的地方的吊钟花，名字一样，但花朵像个小喇叭，也是很美，只是大人山的吊钟花更像我们中华民族那口流传千万年的神圣铜钟。

每当在别的什么地方看到这种大铜吊钟的时候，我的心中也会响起大人山吊钟花开的声音，悠悠远远地传来，感染着我的人生，鼓舞我前行。

水环冲神奇茶

水环冲是那吉黄角峒的一条风景秀丽的山村。它面朝一座巍峨的大山——牛塘山，这里有小井冈山之称。

牛塘山流传着许多神奇的故事，在它的北麓还生长着一片神秘的茶树，有的老树千百岁了，经年累月郁郁葱葱，从来不曾落叶，花香馥郁，茂盛如盖。有人说它是地道的白云茶，有人说它是养生救命茶，有人说它是生钱茶，它的神秘让十乡八里的人们传说纷纭，更让我们好奇并向往。

这天，天气晴朗，我们一行几人怀着好奇心来到了神奇茶之乡水环冲村。村东山溪边正在兴建一座漂亮的房子，听到门外有客人来，一个中年男人便乐呵呵地走出来。寒暄之后，刚一坐定，心急的我们便直奔主题，道出渴望知道神秘茶故事的想法。主人马上从一个大麻袋里掏出一把似乎未曾制作的干茶叶，干净利索地烧水泡茶招呼我们。

大家一边品茶一边听主人讲故事。他说这一带山沟里的村村寨寨祖祖辈辈喝牛塘山茶是因为古代人们上山放牛时有老人突发恶病，惊恐中发现了前面一棵大树，枝繁叶茂，花开清香，情急之下有人伸手拧下几片茶叶放入老人口中让他咀嚼，病危老者竟然得救了。从此以后人们对这棵神奇的茶树顶礼膜拜。

主人又说当年，村中有两个穷苦孩子，一个叫黎奴，一个叫黎宝，他俩经常上山采茶，再拿到开平台山一带赶圩卖了换钱讨生活。

一日，他们挑了茶芽早早到了台城，买卖中，突然听得附近有人惊叫，说是有人得病倒地。阿奴阿宝见状急忙拿出茶叶跑了过去，让人帮着将茶叶喂了病人。不多久，奇迹发生，病人从地上站起来，身体恢复当初。他知道是这两个好心的卖茶人救了他，感激涕零，马上将剩下的茶叶都买了下来，以示感谢。原来这病人是华侨，后来他把茶叶带到了国外，由于茶叶有神奇的疗效，那华侨每年清明节都从国外回来大量买去此茶。

主人也说他 2 岁时得了重病，家人着急到处求医问药，却都无果，最终还是父母把家中的茶叶拿出来泡水让他喝了，没过几天病就好了。故事不胫而走，人们在各地山上寻来相似的茶叶，但有特别养生疗效的只有水环冲黎公的土制茶。

话说间，巷子里走来一位精神矍铄的老人。主人说他已是 87 岁了，也把我们介绍给他，老人甚表欢迎。我让老人挨着我们坐下，注视着身边筋骨强健的老人，我好奇地拜问老人是否喝这茶。他说常喝，能够强身健体，还说常喝这茶皮肤都滑溜溜的。我禁不住摸了摸老人手，皮肤像青年人一样好滑，又摸摸主人的手，确实是这样，心里一愣，自语道真神奇。

聊着，我们知道这茶的制作非常简单，从山上摘来，不用杀青，只靠太阳晒干或者在阴凉处风干，存放起来随时可用。

人猴相戏七星坑

话说从前，村中有几位社员被派到七星坑原始森林伐木。

那个时候，村中人盖房屋，用坭砖砌墙至一米九十厘米高后，需用木制的厚板块（长一米五，宽四十厘米左右）的整板，两头预留三十厘米嵌入墙体，谓之“过门头”。此板材质量及选料非常考究，要求必须金丝楠木。金丝楠是常绿椭叶大乔木，树形直顺，纹理细腻精致，坚韧异常，是打造家具的上等木材，村里人沿袭古风管叫它为“风水木”。旧时皇帝用作棺椁之用。但此地的金丝楠现在已经很少见到了。

社员们带上一个月的油盐及少量大米和番薯之类，并携带备用的大钢锯片、开齿器及锉子等工具，还有被子等日用物品向七星坑进军，经一天行程后到达了林中一片开阔地，此时天已早早黑了下来，社员们就在此地扎营休息。翌日，灰蒙蒙的天刚亮，山中的鸟儿啁啾不停，第一缕阳光透过树叶照射在社员的脸上，霞汽幻化出了多彩的霓虹，但大树林深处还是黑漆漆的一片。

晨漱后人们慵懒地伸伸腰，打个哈欠，抽了几口水烟斗，便分头着手砍楠木树去了，余下二人砍下杂木架构锯棚。几个小时下来一切筹措工作已经就绪，趁着砍下的树木水分未流失，拉锯锲板的工作可以开展了。此时已是正午，山中水涩，社员们肚子饿得咕咕响，于是想起该煮饭吃。不一会儿，饭已经做好，二人把双手拢成筒状向林中放声大喊“吃饭噜”“吃饭噜”……不料这震天响的喊声在寂静的林子里回荡，引得胆怯的鸟儿四处惊飞。大山区的人一向声音雄浑粗犷，如虎咆哮，却也招引来了一群不速之客：“美猴大王”。

山里人常说“山中无老虎，马骝称大王”。一阵悉悉窣窣的声音从树上传下来，社员们向上望去，黑黄相间的长毛猴在树上腾来荡去，下跳上跃，不时发出几声怪叫声，荒野之处甚显惊怵。这是它们的猴王发出进攻行劫的信号。两个人还未拧转身反应过来。“不好！”几只红屁股小毛猴正在一提一蹬，拉拉扯扯把铁锅抬着横向飞快地向林子深处走去。唉！这顿午饭只好到旁边的水坑捉石蛤煲粥吃了，吃饱粥饭才有气力开工呢。

有了第一次就会有第二次了，这是灵长类动物的习惯思维，可是人永远比动物聪明。第二天，几个社员一大早趁凉快“哐啷哐啷”已经开锯了，黄白的锯末向下飞溅，散发出一种特殊的芳香。但树上的猴子已光顾偷窥多时，骨碌碌的蓝眼睛俯视着下方，一声不吭。几个工人装聋扮哑一边锯板，一边用藤箍往脖子上套去。这些都一一被猴哥记忆了。社员们小休一会，几筒水烟下来，果然不出所料，猴子们七上八下拉起了锯还把藤箍争着套在自己的脖子上，拉动活索套牢。正所谓“魔高一尺道高一丈”，聪明的猴子始终逃不过人们的诡计。社员们捉了两只猴子捆在旁边的树桩上，从此以后安宁了许多，不再受到猴子的骚扰。当然最后大家还是把它们放归山莽之中，不然的话又会引发一场恶斗。

（本文作者：李武权）

难忘的青春岁月

——那吉农建兵团功勋记忆

1974 年，恩平县委根据上级指示精神，大规模、有针对性地开展滞后农田水利的整治、改造和建设运动。为了体现运动的规范化与高效益，恩平县仿照当年国家“屯垦戍边”组建生产建设兵团的半军事化管理模式进行命名与编排连队。于是，农建兵团由此而诞生。

当年农建兵团分为县前线兵团与公社兵团，县兵团以公社为单位，统一归县农田基本建设总指挥部调动，公社兵团归当地党委及当地总指挥部领导。

一、时代召唤铸新军

1974 年初，那吉公社党委积极响应县委关于组建农建兵团的号召，迅速抽调各大队优秀男女青年到公社组建农建兵团。

兵团成立那天，那吉公社办公大楼对面广场，红旗招展，以大队为单位的各路大军，有序列队在礼堂边的空地上，听候总指挥点名报到入场。两面具有标志性的“恩平县农田基本建设那吉前线兵团”和“恩平县农田基本建设那吉公社兵团”的红色团旗，在主席台前迎风飘扬，猎猎作响。那吉公社首批集结了 516 名兵团战士（县兵团 156 人、公社兵团 360 人），并于当天上午举行了成立大会仪式，大会由时任公社革委会主任何潮主持，并做誓师动员讲话，公社党委书记岑巧明宣读了任命书，任命武装部长徐郁操、副部长甄治文分别为那吉公社农建兵团正副团长兼正副总指挥。那吉公社农建兵团与调往县前线的那吉兵团正式成立并举行了授旗仪式，由团长分别对前线、公社领队进行了授旗。

下午两点钟，总指挥一声命令“出发”，前线公社兵团战士乘车离开了家乡那吉，奔赴前线兵团营地。同时，公社兵团战士带着行李，以大队为单位队列，举旗迈步，向佛仔迳营地进发。

二、攻坚克难山尾人

那吉属恩平偏远山区，出门见山，所以在恩平坊间流行叫那吉人为“山尾人”，甚至戏称那吉是“山尾水尾人尾”。但在县前线兵团，“山尾人”威名传扬。

当年 7 月，正值县农建兵团在城南公社秧坎嘴（地名）进行扩渠清淤会战，上级将一段 300 多米长的渠道清淤任务交给前线那吉兵团，并下了死命令，必须 15 天内清理完。

兵团领导马上召开动员大会，要求大家要做好不怕苦、莫畏难、敢啃硬骨头的思想准备，一定要此战告捷，为“山尾人”争光。

全体指战员每天天刚亮就到达阵地，面对没膝头深的稀稠淤泥，硬是一担担把淤泥挑上渠顶。中午，大家就和衣趴在渠边或田基上稍作休息，又继续战斗。

有一天，一位女战士，遇到了月事紊乱，由于事前没有准备好“女士用品”，那天偏又遇到下雨，汗水、血水、泥水混在一起，裤子被染上“片片红斑”，但她仍坚持不下火线，战士们目睹此情此景，无不为之动容感慨。当年女战士们在体力严重透支、身体不适的艰苦情况中，仍然顽强坚持战斗，许多人患上了妇科病或终身疾病。也正因此，当年在社会上隐约有“娶妻莫要兵团妹”的传言。

某一天，由于连续加班战斗，一位岑姓战士体力不支，眩晕倒地，他被扶起来喝点热水，又继续投入战斗。

战士们经过不懈的努力，完满地完成了这一艰巨任务。

在大战飞机洞（地名）、水松塘、松巷等多个扩渠清淤、平整土地的战斗中，每次县前线指挥部都将最艰巨的任务交给前线那吉兵团，充分体现出那吉兵团是一支能打硬仗、敢啃硬骨头的队伍，并多次受到县前线兵团及县委表扬，也成为前线各公社兵团的学习榜样。“那吉兵团最厉害，那吉人最能吃苦、最捱得”的称赞声传遍县前线兵团，那吉战士们听到，为是那吉“山尾人”感到自豪！

三、甘洒热血写春秋

佛仔迳工地夯筑副坝，公社党委要求3个月内完成副坝合拢工程，集中兵团会战二、三级电站。

接到任务后，战士们提出响亮口号：“坚持两头黑、二工地，不怕苦与累，保证提前完成任务。”（“两头黑”是指天没亮就上工地，天黑才下战场。“二工地”即是两餐吃在工地，中午稍息在工地）把工地当战场，战士们天天肩挑装满泥土的重担，你追我赶，“哝哟、顶硬上哟，哝哟”的劳动号子响彻山间云霄。他们的肩膀被磨起了红肿包，但他们忍着疼痛，硬是把红肿包磨成了老茧。有的战士带病仍坚持不下火线。

七星塘连有一位梁姓男战士，经兵团赤脚医生对其体征及眼睑膜的望诊，发现已具有明显的黄疸肝炎症状，多次要求他去医院检查，但他一直不肯离开战场，后经向兵团领导汇报，在领导的强令下才勉强去那吉医院就诊。经初步诊断，他被要求马上到县医院做化验及进一步检查，后经确诊已是黄疸肝病晚期，在县医院住院半年后病逝，离世时还不足20岁。

潭角连一位梁姓女战士，肚子微痛已多天，她当时以为是正常的“月事”现象，一直坚持参加劳动。直到一天晚上半夜，痛感越来越严重，她才找赤脚医生就诊，经检查急性阑尾炎症状已十分明显。天一亮她就被护送到那吉卫生院，两位有丰富临床经验的医生会诊后，要求她立即住院进行切除手术。术中医生发现她阑尾已严重发炎变黑，主刀医生李玉腾说，如果再晚一天，后果将不堪设想。

他们就是这样，用自己的生命与青春书写着兵团的历史篇章。

四、烟斗敲响抗洪令

在佛仔迳水库工地上，有位指挥员叫梁安，大家都尊称他安伯，早已年过花甲。他长年在腰间别着一支用竹子连根做的旱烟斗（本地叫“烟斗笃”）。

1974 年 7 月的一个夜晚，一场连续下了几天的大暴雨仍不停歇。已是晚上九点多钟了，负责佛仔迳坝面安全巡逻的战士急忙跑到指挥部，向安伯报告险情，说有一股凶猛巨大的山洪，顺着山坡塌方的地方，直冲水库坝面，大坝坡面已出现滑泥塌方，如不及时引开山洪，后果将不堪设想。

“险情就是命令。”只见安伯猛吸几口旱烟，接着把烟斗在鞋沿敲击几下（这是他遇事时的习惯动作，只要烟斗一敲，就是主意已定），立即派人通知全体战士马上集合抢险。一支 200 多人的队伍，由安伯率领，带上抢险工具，赶赴现场。在伸手不见五指的夜晚，战士们借着微弱的手电筒光线，经过 3 个多小时的奋战，终于将山洪引开，避免了一场特大的险情发生。战斗结束，大家回到茅舍一看，湿衣服沾满泥土，个个成了“泥人”，有些战士被刮伤的手脚仍流着鲜血。

五、勇士血汗凝丰碑

公社兵团在冯坚、黄源二位公社干部的带领下，兵团人力最集中，工程量最大，最艰苦的主战场——会战二、三级电站的战斗正式打响。

在整个会战过程中，打凿石眼、放炮炸石是最辛苦最危险的工种（也叫采石）。战士们戴着藤条安全帽，身系安全绳，贴在半山石壁上，不怕风吹雨打日晒，像猿猴跳荡，手握钢钎，挥舞铁锤，每天都置身于随时可能发生意外事故的危险现场，特别是排查“哑炮”时，更是险上加险。例如一次，点燃的石炮已超过了预定时间，按常规，早应该起爆了，但一直没见动静，为了安全，战士们在静候一段时间后，大家认为应该是雷管受潮形成“哑炮”了。平塘连一位唐姓战士前往查看，刚走到离炮位约十来米时，忽然听到导火线还在嗞嗞地燃响，他立即躲到身边一块凸起的岩石下面，刚蹲下来，轰隆一声巨响，石炮爆炸了，大小石块如冰雹般砸在他躲避的岩石迎炮面及周围。在远处的战士们看到这惊险的一幕，个个都为他捏了一把汗。如果他当时没有高度的职业警惕性与敏捷劲，又或者没有旁边那块岩石的掩护，后果真的不堪设想。面对危险战士们自始至终无一退缩，从不言苦，他们谁也不知道凿了多少石孔，放了多少石炮，就知道水库、电站的每一块石头，都是他们用满身伤痕和双手上的老茧换来的。

捣涵管工地上，“捞糟”是最辛苦的力气工，要尽力将足有千斤的混凝土翻动搅拌成浆，混凝土搅拌既要求快又要均匀。一天下来不但身子骨累得像散了架，而且粉尘大，一天下来，衣服、头发、睫毛甚至满脸，都是厚厚的水泥粉尘，经常见到他们就是一双眼睛在眨闪，认不出准是谁……

捣二、三级站涵管的全部沙石和水泥，都是战士们用肩挑、用背背、咬着牙关在500多米新开凿的崎岖山路上，一步一步从山下挑上去或背上去的。战士们的皮肤被磨破，流出来的血水与汗水混在一起，把衬衫染红了一块块，但他们只是晚上到医疗室撒些药粉或涂些药膏，第二天又继续投入战斗。

一天，一位正在操作卷扬机运送沙石的战士，被重新开挖的山坡上滚下来的石头砸中了脚面，鲜血直流。听到呼叫声，在附近劳动的赤脚医生马上赶到现场进行伤口处理。而这位战士仍一刻不停地工作，他说如果卷扬机停几分钟，就少送几十担沙石上去，不但增加战士们的工作量，更会影响工程的进度。就这样赤脚医生一边给他处理伤口，他一边操作，一直坚持到另一位战友来接任，他才一手拿着扁担当拐杖，一手扶着赤脚医生的肩膀离开工作岗位。

安装二级站水轮发电机组时，每台机组都重达一吨以上，又不能拆卸分解，要把这个庞然大物搬到几百米高的机房难度非常大。战士们就把机组五花大绑，再牵出多条绳索，用木头桩子放在斜坡上，齐心合力一寸一寸地向上挪移，生拉硬拽艰难地把它送上二级站机房座上。

在兵团战士一年多的艰苦奋战下，佛仔迳电站与水利输出工程，终于提前在 1976 年 8 月 1 日顺利投入使用。

8 月 1 日这天，公社在三级电站举行了隆重的电站发电亮灯仪式与庆功表彰大会。会上，公社党委书记岑巧明、革委会主任何潮分别做了讲话，赞扬了兵团战士无畏艰难困苦与乐于奉献精神，代表全公社人民对兵团战士为那吉人民做出的重大贡献表示感谢与崇高敬意。接着，公社兵团总指挥徐郁操部长宣读了先进个人与先进集体名单，公社领导分别为先进个人和先进集体颁发奖状与奖品。同时，兵团团支部为 26 位新团员举行了庄严的宣誓仪式。

二、三级电站，是当年兵团战士们用血汗凝结而成的，永远福泽那吉人民的惠民丰碑。

六、众志成城战台风

1976 年 9 月，兵团三个连队在九头山开挖引水渠工程。一天晚上九点多钟，狂风呼啸，飞沙走石，突然刮起狂风暴雨（后经准确报道为 7 级台风），一下子掀翻了几间在山脚下的茅棚宿舍，战士们被雨淋成了“落汤鸡”，大家只好转移到指挥部，穿着湿漉漉的衣服待到次日天亮。

为了不影响工程进度，待风雨稍微减弱的情况下，在公社现场负责人陈仕光同志的带领下，战士们冒着风雨，一边清理倒塌的茅棚，一边收拾被雨淋湿了的行李，然后重新搭建茅棚。风雨一连刮了几天几夜，由于连续多天冒雨疲劳奋战，多名战士患了重感冒，但当他们病情稍微好转后，立即又投入战斗。

他们不顾个人安危得失，迎难而上，几天后，几间新茅棚又屹立在山脚下。虽然受到台风的严重影响，但战士们艰苦奋战，仍按时完成上级下达的任务，受到了公社党委及兵团总指挥部的表扬。

七、会师奋战牛仔岭

1977 年 8 月，那吉牛仔岭水库由于人力不足，工程进度缓慢，为防止大雨水涨漫坝，必须抓紧加高主坝，经公社党委会议，决定请求县兵团调前线那吉兵团增援牛仔岭水库，与公社兵团会合作战，抓紧完成牛仔岭水库工程。得到上级批准后，县前线那吉兵团马上移师回家乡与公社兵团会战牛仔岭。

两面团旗又一起插在牛仔岭坝面上。两支主力军并肩作战，整个工地呈现出一派生气勃勃的景象。

为了加快工程进度，公社党委决定购买部分大板车调拨给牛仔岭工地使用。当时一位女连干部向工地指挥部提议，兵团女战士也想组成一个女子大板车队，与男战士一比高低。由于女战士们的多次请缨，指挥部终于同意成立女子大板车队。巾帼不让须眉，娘子军们天天拉着满满的一大板车泥，向男战士们挑战，结果都是以男战士们“忍气吞声”的失败而告终。

后语

兵团战士们经过前后六年（1974—1980）的艰苦岁月，有的光荣入伍，有的入读大、中专院校，有的走向各种工作岗位，但大部分兵团战士解甲归田，返回农村。

当年他们将自己的青春奉献给那吉人民，无私无畏兴修起来的水利工程惠利千秋万代，他们的贡献将永记史册。

（本文大多由当年兵团战士口述，李武权、梁纯洁、梁达强执笔。）

500 年前五邑人石碌榨蔗

恩平市考古人员最近在那吉镇那芬村进行考古调查时，发现该村至今仍保存 500 年前明代土法制糖时曾使用过的工具。

明代祖上留下“糖碌”

这套制糖工具是考古人员在村后晒谷场边的草坪上发现的，分为圆形碌碡和石盆，恩平人俗称为“糖碌”，均以花岗岩石打造而成。碌高约 0.6 米，直径约 0.4 米。两个碌碡顶端都有一方孔，是用来插进硬木楔做的轴承的。中间的周围也都凿有右深左浅形状相同的方孔，是插入硬木楔做的齿轮带动两个碌碡旋转的。碌碡底下是一个大石盆，也是用花岗岩打凿而成，厚约 20 厘米，四周边缘凸起，中间凿有凹槽。全套工具重约 1500 公斤。

考古人员说，清康熙元年编的《恩平当地风物志》记载，清朝时期的石碌大多为明成化年所制，双圆柱形，为榨蔗制糖之用。《恩平文物》也记载，用石碌榨蔗是明朝客家族带来的制糖技术。清咸丰至同治年间，当地发生土人和客家的械斗，客家被迫迁离。同治之后当地未见土人用石碌制糖。恩平博物馆人员还走访了那芬村村民，村民都称村中的石碌是祖上明代留下的。

南迁先人艰苦创业

恩平市文物工作者追根溯源，进一步了解这套碌碡石所体现的古代五邑人的土法制糖史。

据记载，早在南宋年间，粤北南雄珠玑巷部分居民，举家迁于粤中的新会、开平、台山、恩平（即四邑）等地。其中迁居恩平的移民定居后艰苦创业，开荒造田。他们除了种植水稻外，还种植了大面积甘蔗。农闲时节，身强力壮的男人就从附近的山头挖出巨大的花岗岩石，花费九牛二虎之力，搬上四驳牛车，拉回村边。妇女们就从山上割回茅草、树枝，搭盖起简陋的茅寮。手艺精湛的石匠就在茅寮里将花岗岩打凿加工成碌碡和石盆。到了秋天甘蔗收获的季节，村民就将满山满岭的甘蔗砍了下来运回茅寮，加工制成黄糖。

三道工序制黄片糖

土法制糖工序相当繁杂。第一道工序是榨甘蔗汁。负责“转碌”的两人赶着套上轭的两头牛，将两只沉重的碌碡拉动，待碌碡飞快地旋转起来后，负责“下蔗”的五六名男女将甘蔗连续不断地插进碌碡下端的缝隙。蔗汁顺着石盆的凹槽流入木桶里。第二道工序就是煮糖。煮糖要经过三个大铁锅，分为头锅、中锅、尾锅。煮糖师傅将蔗汁倒入头锅，以猛火烧煮30多分钟，一边煮，一边用漏勺将蔗汁中的杂物（蔗渣）及糖泡捞出（可作制酒的原料），接着将头锅煮过的蔗汁舀到中锅，又烧煮约20来分钟，再将杂物和糖泡清除，然后舀入最后的尾锅，继续以猛火烧煮。师傅在一边用木棍不停地将蔗汁搅动，防止粘锅烧焦。经过大约20分钟的烧煮，蔗汁的水分逐渐蒸发，慢慢变成黄色的糖浆。此时，师傅加入适量的石灰粉或蚬粉（起凝固作用），经搅匀后，即时舀入大木桶，迅速抬到用草席铺好的糖格再倒出来，同时用木板将糖浆抹平。经过数分钟的凝固，糖浆很快变硬，成了厚约一厘米的黄糖。然后，师傅再用木尺和利刀将黄糖切成方块。这就是过去我们经常购买食用的黄片糖。

20 世纪 70 年代，恩平建起了大型机械制糖厂，繁重累人的土法制糖工艺则被淘汰了。

（本文作者：梁治荣）

白麻坑打山猪

公社化时期，针对那吉东坑村野兽为患的情况，恩平县武装部组织了一个打猎队，队员大约有四个人，队长叫李富。李富是那吉圩人，新中国成立前他是国民党军人，后来投诚参加了解放军，还曾参加过著名的淮海战役，现在仍健在。

打猎队打山猪的时候，我在那吉圩生产队当社员，被那吉大队抽调出来，参加由大队组织的开荒队，住宿在东坑村附近的白麻坑山上。开荒队由塘角村的外号叫“啲仔瑞”的青年仔当队长。我们白天锄地开荒，种植木薯；晚上很无聊，有时打打牌，有时讲三讲四，有时上政治课。

那时候，东坑一带有野兽出没。晚上当村民入睡的时候，它们就下山来揾食，有时甚至光天化日也大摇大摆出来，把东坑村村民的菜园搞得一塌糊涂，不仅把木薯、薯蓄都吃光，还把土地用嘴拱得一坑一洼的。更厉害的是，它们有时成群结队去拱村民家的门，令村民不胜其扰。村民们一是怕出来被老虎叼去了，二是怕遇上山猪被咬伤，因此日头未落就早早关门睡觉。

一日，我们正在山上锄地开荒种木薯，突然听到几声枪响，我们停了工赶快走过来看，发现有几个人手拿步枪对着吓得乱窜的山猪射击，有几个山猪被射中，应声倒地。我们这才知道原来是李富率领的县打猎队正在打山猪。打猎队员七手八脚将被打死的山猪用绳子捆绑住四只蹄子，准备抬下山。但被打死的共有四只山猪，他们只有四个人，只能抬两只，还有两只没人抬，于是他们就叫我们帮忙抬。我们也很乐意帮忙，便抬起山猪下山，得意扬扬到东坑村去。

在东坑村，很多村民听说打死几只山猪，纷纷跑来看热闹。李富就叫村长帮忙分割山猪，村长于是发动村民一起帮忙。村民们都十分热情，有的从家里拿刀分割猪，有的帮烧开水，拿来烫山猪毛。很快，四只山猪被处理好了。接着李富分山猪肉，见者有份，亲手打死猪的，分二十斤，帮手抬猪的分五斤。我当时帮手抬猪，分得五斤猪肉。分剩的猪肉，由打猎队拿到恩城和那吉圩售卖。很多人从来没有吃过山猪肉，以为很好吃，都纷纷来买回家品尝。剩下的猪头、猪脚、猪下水，用大锅焖熟，各人拿碗舀来吃，吃剩的再由各人装回家给家人分享。我以为山猪肉也像家养猪一样好吃，谁知吃了几块猪头肉，感觉很骚，便不再吃了。

李富打猎队打死山猪的消息，当时传遍了全恩平县甚至四邑，成了一大新闻，省级和恩平县的报纸都上了头条。

（本文作者：梁治荣）

腊鸭飘香又一冬

时值冬季，又是腊鸭飘香时。在那吉乡村的田野上，一排排挂晒的腊鸭成了风味十足的景观。

恩平市的腊鸭制作已有 500 年历史。据说，明成化十四年（1478 年），恩平刚刚正式立县时，肇庆知府等一行官员远道前来祝贺，沿途经过不少乡村，都被田头上挂晒的腊鸭吸引。

知府大快朵颐后，赞不绝口，并命随从购买了一批腊鸭，作为庆祝恩平立县的贺礼。在庆典的宴席上，大小官员对恩平土制腊鸭的美味称赞不已。从此，恩平腊鸭名声远播。

恩平腊鸭制作工艺独特。每至冬季，农户们便将家养的鸭去毛剖开，洗净、晾干，然后加压成形，以精盐腌制一个晚上。次日早上，农户将腌制好的鸭子用竹枝撑开，再用绳子将鸭嘴穿起来，挂在田头的竹竿上晒一天。傍晚，农户将干鸭收回来，并放置于谷箩中，每一个干鸭垫一层稻草，再经密封熏焗，又经 10 来天的风晒，便成为色香味俱全的腊鸭了。

土制腊鸭已成为恩平一大美食。在恩平市广大的乡村，几乎家家户户有精制腊鸭的习俗。

（本文作者：梁治荣）

黑石头长满丝丝“头发”

恩平市那吉镇一个村庄附近的小溪发现了一种水生生物，竟然和北方禁止采挖的发菜一模一样，有些村民大胆采来煮食，感觉其味道、口感丝毫不逊于发菜。一些厨师及卖过发菜的人认为，这可能是南方产的“发菜”。

养蜂专业户李黄信像往常一样，到村旁的大山去捕捉野蜜蜂，当打算过一条小溪时，一脚踩在生了青苔的溪石上，摔了一跤。正当他为此懊恼不已时，忽然发现脚下的黑色石头上长满了丝丝头发般的东西，随着溪水的流动而漂浮。

李黄信觉得这种东西似曾相识，拍拍脑袋细想，突然记起以前在节日或村里人摆喜筵时吃过的发菜。他将信将疑，便拿起了一块黑石头细细琢磨，石头上布满了头发般的生物，和北方产的发菜竟然一模一样。

他抬头往小溪上方看去，发觉小溪长达数十米，宽约 5 米，挤满了黑色的石头，石头上都长满了酷似发菜的植物。李黄信粗略估算了一下，要是全部采集晒干，起码有 100 公斤。

为了证实这种水中生物是否好吃，会不会有和发菜同样的味道，李黄信就采集了一大把回家，放进锅里和几条鲜鱼一起煮食。他和妻子都发觉，这种不知名的东西居然和发菜一样鲜美可口。

这到底是不是南方产发菜？还是发菜的变种呢？李黄信说自己也搞不清楚，他就拿了一些样本给饭馆的厨师和曾卖过发菜的老板看，他们也连连称奇，这东西太像发菜了！

（本文作者：梁治荣）

流王埗的传说

那吉圩西部的石鼓岭下，有一条绿竹掩映风景秀丽的小村，叫乌头冲，村前有条碧水长流的河。此地又叫“流王埗”，因为这里面流传着一个曲折生动的故事。

从前，乌头冲村有个美丽勤劳的姑娘名叫杜春兰。春兰父母早丧，从小寄养在伯父杜如壮家。伯父是个极贪婪的人，尖酸刻薄奸诈阴险，故又名“毒如霜”。

一日，春兰上山打柴准备回家。突然从身边的一棵大树下窜出一条毒蛇，朝春兰脚背咬了一口。春兰疼得大叫一声，把柴担扔了下来。正在毒蛇准备向春兰咬第二口的时候，突然“嗖”的一声，一支利箭射过来，正好射中了毒蛇头部。这时一个手提野兽，身背弓箭的英俊青年飞奔过来，迅速低头用嘴将春兰脚背的毒汁吸了出来，接着采摘草药嚼烂敷在春兰伤口上，又从衣服扯出一块布把春兰的伤口包扎好。春兰目睹眼前情景，百感交集，禁不住“哇”一声痛哭起来。经细问，青年得知春兰的不幸遭遇，产生了怜悯之心。他也把自己的悲惨身世告诉春兰。原来青年叫阿牛，家住聂村，他的母亲因为长得标致，被知县白汝贞糟蹋了。父亲一气之下，闯进白汝贞家论理，被白汝贞喝令衙差活活打死。母亲满含悲愤，投河自尽。阿牛气愤之极，在一个漆黑深夜放火烧了白汝贞家，又放箭射死了白汝贞的父亲白玉堂，便只身逃到深山老林，在一个山洞住下来，以狩猎为生。

阿牛把春兰背回山洞，经阿牛悉心治疗，春兰的伤口好得很快。同病相怜的春兰，深深爱着阿牛。春兰恋恋不舍要回家了，她从衣袋里掏出一块绣着彩蝶双飞的手帕赠予阿牛，阿牛又高兴又激动，拿出打柴赚的几串钱塞给春兰。

春兰的伯父，见春兰几日不回家，早已气得五孔生烟。他如一尊煞神坐在家门口，突然看见春兰拿着几串钱回来，立刻烟消云散，放松脸皮笑着，一边抢春兰的钱，一边假惺惺地说："哎呀，宝贝，你去哪了？几天不回家，伯父操碎了心啦！"春兰越听越烦，冷冷地说了句："伯父真好心！""毒如霜"破例煮了好饭菜让春兰吃，又假惺惺叫春兰好好做工赚钱，日后嫁个有钱有势的财主佬。

第二天是那吉圩，春兰又像往常一样，带着绣的花布到圩市卖。春兰手巧，绣的花布特别好看，顾客十分中意，一下子就卖光了。春兰收拾好摊档，赶路回家。这时，有三个县官模样的人大摇大摆走过来。为首一个穿一身官袍，大腹便便，两把扫帚眉，一双金鱼眼，此人便是知县白汝贞，外号"白鼻精"。他发现了美如天仙的春兰，立刻被春兰的花容月貌吸引了，他先是淫笑，再是假献殷勤，最后竟用手在春兰的脸上拧了一下。春兰忍受不了这流氓的侮辱，回敬他一个狠而有力的耳光。"白鼻精"被打得歪着嘴，却大声淫笑起来："哈哈哈，看来你胆子不小，竟敢冲撞我白知县！"他扑了上来，一把抱住春兰，春兰拼命挣扎反抗，用嘴狠狠咬住白汝贞的耳朵，白汝贞痛得直叫，松开了双手，春兰趁机逃脱了。

刚从圩场摆卖完猎物准备回家的阿牛正好发现仇人白汝贞侮辱调戏春兰，顿时怒火中烧，当即向仇人射出一箭。两个气势汹汹的狗腿扑上来欲擒拿阿牛，阿牛沉着应战，冷不防被狗腿猛击一捧，无应对能力被抓住。白汝贞下令将阿牛押回监牢，张贴告示，两天后当众处斩。

春兰听说要杀阿牛，心都碎了，她依在门旁，冥思苦想，终于想出了解救阿牛的办法。

次日，阿牛被五花大绑，押到刑场。白汝贞坐着轿子来到刑场监斩。

他满脸杀气地说："你放箭射死了我父亲，射伤了我的手臂，还放火烧了我的房屋，你胆大包天，今日我要你做刀下鬼！"阿牛吐一口唾沫到白汝贞脸上："你这个奸淫妇女欺压百姓的老淫棍，没有好下场！"白汝贞被骂得恼羞成怒，举起大刀……"慢斩！"随着一声高喊，春兰冲了上来，白汝贞一愣，见是春兰，放下大刀，皮笑肉不笑地说："你来救他？""你不是要娶我为妾吗？你放了他！"白汝贞恶狠狠地说："今天我非杀他不可！""那我跟你拼了！"这时师爷凑近白汝贞说："大人，此事不可硬来，你先放了他，等把这美人儿娶过来再派人暗杀了他也不迟。"白汝贞点点头，命令走卒放了阿牛。

白汝贞问春兰："你答应什么时候成亲？"春兰说："我伯父说，婚事明天就办。明天晌午你亲自到我家来接！"

被松了绑的阿牛听了春兰的话，非常生气，骂了一句："明天你到白汝贞家享福吧！"悻悻走了。春兰紧紧追上来，"牛哥，我有话跟你说！"

次日，通往乌头冲村的羊肠小道上，浩浩荡荡来了一队人，这就是白汝贞的娶亲队伍，一路吹吹打打，前呼后拥，向乌头冲村走来。早就等候在河对岸的杜如壮急忙涉水过河迎接。

早已在响水河上游蓄水坝等候的阿牛、春兰及一班穷乡亲，看见白汝贞的娶亲队伍涉水过河了，"仇人相见，分外眼红"，他们马上挥动锄头等工具，在蓄水坝奋力挖了起来。这蓄水坝只是用石头草皮筑成，不一会就被挖穿了个大洞，缺口越来越大，顿时，坝内深荡荡的大水犹如发疯的野马，奔腾着、咆哮着，从决口冲出，向下游呼啸而去。刚到河中间的娶亲人一个个吓得惊慌失措，四散奔逃。那四个抬轿的轿夫慌忙丢下轿子逃命，一时鬼哭狼嚎，乱成一团。杜如壮懂点水性，他游上岸来。这时白汝贞的轿子打着跟斗滚了过来，搁在河边。杜如壮心想，侄女嫁不成，只有取了白汝贞的金银珠宝才够本。他三手两脚打开轿门，将死猪般的白汝贞身上的金银珠宝取下，这时白汝贞苏醒了，他发现杜如壮取了自己的金银珠宝，以为是杜如壮骗自己来谋财害命的，马上抽出藏在身上的匕首，对准杜如壮的胸口猛刺，杜如壮惨叫一声倒了下去。白汝贞摇摇晃晃跌落河中，最后终于被暴涨的河水淹没。

上游河坝，阿牛和春兰、众乡亲看到白汝贞葬身洪水之中，大声欢呼。

（本文作者：梁治荣）

那吉圩刮头师傅

在发廊遍地开花的当今，以手推剪理发、剃须刀刮脸的旧式理发业，随着时代的迅速发展已逐渐消失，现在已难觅其踪，只有为数不多的握手推剪的“刮头佬”仍在坚守这个阵地，那吉中间村的叶师傅就是其中的一个。

上午 10 点钟，叶伯吃过早饭，匆匆赶到那吉圩摆档。叶伯说，平时来“刮头”的人并不多，所以 10 点才来摆档。如果临近春节，来刮头的人特别多，就得 8 点钟来“赶货”。

这天正好是那吉圩日，有几个人在等刮头。叶伯摆开刮头“家生”，一个叫梁伯的年过 70 的老汉便坐在刮头椅子上。叶伯将一块长方形白布围在梁伯脖子上，将梁伯的前半边遮住，防止掉下来的头发落在身上，接着又从刮头箱拿出一把手推剪，问叶伯道：“老友记，刮个咩装？”(那吉话：理什么发式？)“就刮个和尚头吧！”叶伯于是左手拿起梳子，右手拿刮头剪，在梁伯的头上梳了几下，右手拿刮头剪的手指一张一弛，只听见“嘁嘁喳喳”的声音，梁伯的头发就被剪下来，成了一个和尚头。梁伯半闭眼睛，一副很享受的样子。叶伯与梁伯年纪相近，又是老熟客，两老友一边刮头一边聊天，但叶伯手下却一丝不苟地操作。头发剪完后，第二道工序就是刮脸和刮胡子。叶伯说，刮脸和刮胡子要有“胆大心细手不颤，气定神闲眼头准”的底气。叶伯将小刷子在香皂上摇几下，然后往梁伯头部的发脚边沿涂抹一遍，这才拿起一把锋利的剃须刀，在一块长条形黑黝黝的刀布上擦了几下，跟着手起刀落，先刮去梁伯的脸毛，再用小刷子沾上香皂泡沫在梁伯的胡子涂抹几下，又用刮须刀慢慢刮梁伯的胡子，如此反复三次才将胡子刮个一干二净。最后一道工序就是“了耳”，“了耳”是恩平话，即掏耳的意思，将耳内的耳毛耳屎清理干净。据叶伯说，“了耳”是旧式刮头才有的项目，也是刮头的真功夫，这手艺一朝半夕是学不会的，他已经刮了大半辈子，才掌握这个看家本领。因为稍不小心就会弄伤客人的耳膜，这是很危险的手艺，所以如今精明的发廊基本省却了这项服务，不用担这个风险。

刮完梁伯的和尚头，用时大约 25 分钟。叶伯说，平时刮一个头收 8 元，如果是新年前物价升了，收 10 元。淡季每天大约有十个八个人来帮衬，约有 80 元收入，而春节前的前半个月每天最少有 20 个人来帮衬，收入 200 元左右，一个节日有 3000 元落袋。

叶伯 18 岁出道刮头，如今干了将近 50 年。叶伯介绍，当年他跟一个姓徐的师傅学这门手艺，学费是每年四担谷（400 斤），只学了一年半就学会了。干刮头这活虽然不是很辛苦，但一天到晚都要站着干，最初几天双腿累得酸痛，后来慢慢也就习惯了。叶伯深有体会地说，刮头也是有风险的，尤其是给刚满月的小孩和 80 岁以上的老人刮头，他们的头不停晃动，使用刮头刀一不小心就会出事，俗话说“险过刮头”就是这个意思。“我刚出道替一个刚满月的虾仔（婴儿）刮头，虾仔的脑壳还未硬，软绵绵的，干得我出了一身冷汗，现在想起来还有点后怕。”

由于街头刮头比发廊便宜，所以来帮衬的基本上都是节俭过日的老人，后生仔则嫌街头刮头低档，都是去发廊享受高档服务。随着街头刮头佬一年年减少，旧式刮头业或许不久就会消失。

（本文作者：梁治荣）

洗米湾的传说

从前，那吉圩有一位正直勤劳的青年，他一年三百六十五日，辛辛苦苦做工，还是吃不饱穿不暖。所得劳动果实全被圩上一个贪婪的财主掠夺了，因此他穷得孤苦伶仃。一日深夜，穷青年做了个美梦，一个年轻貌美的仙姑对他说，你用斗箩装一斗米到你家菜园的小水坑去洗米，以后就会有米够你吃了。穷青年一觉醒来，仙姑不见了，他又惊又喜，于是把仅剩的一升米用斗箩装着，带到菜园的小水坑去洗。说也奇怪，那斗箩的米，越洗就越多，几乎流了出来。他立即想起邻近几家穷人也没米下锅，即刻把米分给乡亲们，乡亲们对他感激不尽。谁知，这个消息被财主知道了，他也用斗箩装着半升米到菜园的小水坑去洗，果然越洗越多。他人心不嫌足，回到家里叫老婆煮一锅饭，自己又拿了几个大箩，还带上一班长工去洗米。等他装了几箩米回到家，肚饿极了，便叫老婆开饭。他老婆揭开锅盖一看，不由得大惊失色叫了起来："坏了！煮了一锅狗屎！"夫妇俩一气之下病倒了，不久便先后故去。

穷青年还是像往常一样去小水坑洗米，洗得的米照样把大部分分给穷苦乡亲。就这样，洗米湾的故事流传开来。

（本文作者：梁治荣）

忠良伯赶猪公被骗

大概是20世纪50年代，那吉圩有个专赶猪公的老人叫忠良伯。谁家的母猪要配种，都要找忠良伯来帮衬，每配一次种，忠良伯可挣几筒米和几条咸鱼的报酬。

那时，那吉圩有个叫罗进叔的中年人，这个人有个特点，就是特别喜欢揾人家的笨七（讨便宜）。

且说有一日，罗进叔对正在圩头大榕树下乘凉的忠良伯说，七星塘大队凤凰村某某人的母猪要配种，叫忠良伯去做这单生意。忠良伯不知有诈，信以为真，立马赶回家牵上拴在猪栏的大猪公，急急忙忙上路。

那吉圩距离凤凰村有三四公里远，忠良伯赶着猪公一路走走停停，汗流浃背，气喘吁吁，好不容易来到凤凰村。

一入村，村口的人见了，好奇地问："忠良伯，你去哪里做生意啊？"忠良伯就说，你村某某人的母猪要配种，叫我来帮衬。那人掩嘴笑了，说："你来的是我家，我家哪里有母猪给你配种啊？是人家骗了你吧？"忠良伯不信，旁边有个妇女也说："忠良伯，一定是有人骗你了，她家根本没有养母猪。"忠良伯这才知道上当受骗，气得七窍生烟。也难怪，赶着头猪公跑了三四公里，不气才怪呢！

忠良伯只得窝着一肚子火，赶着头猪公又往回跑。

且说罗进叔骗了忠良伯，此刻正躺在圩头的大榕树下乘凉，心中暗自好笑："这老家伙，这么容易上当受骗，以后有机会还要骗他几次。哈哈哈！”他正在暗自得意自己的“杰作”，突然，被一顿乱棍狠抽，他不知是怎么回事，急忙翻身起来，这才看见是忠良伯正拿着赶猪棍朝他劈头盖脸狠打。忠良伯满胸怒火，一边打一边骂：“你个契弟，害得我好惨，整我赶着猪公枉走几公里！我今天要找你算账！”说着又是一顿暴打。罗进叔自知理亏，不敢对抗，只好落荒而逃。

（本文作者：梁治荣）

马栏坑

马栏坑位于那吉镇西南部，大部分位于黄角村委会，一部分属那西村委会，西边不远处就是阳江市辖区，因其位于延马栏山脚下而得名。

马栏坑不大，全长只有 3 公里左右。但因马栏山南面山坡对南风的抬升作用，容易形成地形雨，降水丰沛；水系范围内森林茂密，能够涵养水源，使得马栏坑终年溪水潺潺，水流量较大。

历史上的马栏坑溪水本来在新东村后背流出山口后，一路向北，在和平村附近与黄角河汇合，最终经 10 公里长途流入锦江水库，成为滋润恩平大地的一分子。俗话说近水楼台先得月，附近村民上山劳作从不带饮料或开水，清甜的溪水就是他们的免费“矿泉水”。同时，生活在马栏山周边的居民也不能白白地看着优质资源从身边流走。马栏山北面的新坪村是黄角最大的两个村落之一，坐落于一个地势较高的坪地之上，建村至今约有 300 年，高峰期间的常住人口超千人。从建村到 20 世纪 70 年代的 200 多年间，随着人口的增多，新坪村一直存在饮水困难问题。1975 年，新坪村启动饮水工程，在马栏山开山劈石，并在其中的横岗岭南北两侧同时开工，历时 180 天，开凿一条长 128 米的穿山隧道，把溪水从马栏山的南侧引到北侧，并从北侧山腰开挖一条约 3 公里长的水渠，直接把溪水引流到村里，彻底解决了困扰新坪村 200 多年的饮水问题，同时顺便把 30 多亩旱地改造成了水田。在这个意义上说，该引水工程就是新坪村的“红旗渠”。1990 年，新坪村把引水工程进一步升级，在马栏山脚高地建了一个三级过滤池，铺设水管把山泉水直通到各家各户，成为那吉镇的自来水先行村。

马栏坑水资源的第二个得益大户是佛仔迳水库。佛仔迳水库建成以前，马栏坑水原本没有流经此处，但水库建成后，人们发现马栏坑坑口近在咫尺，当然会想方设法接纳这一优质水源，于是就在新东村后背的马栏坑坑口处建一小型拦河坝，把马栏坑水一分为二,一半仍长途跋涉流入锦江水库，另一半经一条新开挖的300多米长的水渠，就近流入佛仔迳水库。

马兰坑的野生动物资源也非常丰富。改革开放之前，丰富的野生动物为附近村民提供了一个肉食来源。这在那个饥饿的年代，尤为珍贵。分田到户后，马栏山部分较低平的土地被开垦成耕地，种植木薯、香芋等作物。不过由于野生动物频繁捣乱，特别是野猪多来作祟，于是种出来的作物首先成了动物的口粮，收成惨淡，村民只好作罢，马栏坑遂回归自然。后来，附近村民农闲时把耕牛放上山，任其自由自在生长，只在农忙时牵回来耕作，一时之间，马栏山又成了“牛栏山”。进入新世纪以后，外面的世界越来越精彩，村民陆续外出谋生，耕牛也稀少了，马栏坑重归宁静。

大约在2010年之后，马栏坑西侧与阳江市边界间的牛塘山由于优美的高山草甸风光吸引大量广东省内的登山客，成了那吉镇继温泉、七星坑后的又一张名片。如果在马栏坑开辟一个溯溪项目，与牛塘山登山路径串成一线，定能为那吉森林小镇增添新的光彩。

（本文作者：岑齐盛）

田螺姑娘

话说从前有个年轻人，名叫阿强。阿强从小就没了父母，家里很穷，都三十多岁了还未结婚，村里的人都叫他光棍强。光棍强虽然穷，但他善良勤劳，每天起早摸黑地上山砍柴卖钱。有一天光棍强砍柴很晚才回到家，一推开门，一股饭香扑鼻而来。他揭开锅盖，“哗——”，怎么有饭热菜香的？他心里很纳闷，是谁给我煮饭呢？他找遍全屋，连个人影也没有。这时，他肚子饿得“咕噜咕噜”响，不管三七二十一就吃起来了。晚上睡觉他做了一个美梦，梦见一个漂亮的姑娘向他走来，他开心得不得了，口水都流出来，沾湿了枕头。他张开双臂想把那漂亮的姑娘抱在怀里，可刚要伸出手就惊醒了。“哎，原来是在做梦，怎么会有这么美好的事呢？”光棍强自言自语。第二天天一亮他又起床上山砍柴去了。晚上，当他回到家里时，又闻到了一股饭香味，他揭开锅盖，饭菜又煮好放在那里。他又在屋里找个遍，还是不见人影。晚上，光棍强想：今晚我不睡觉了，一定要把给我煮饭吃那个人找出来。于是他早早就上了床，假装睡着。他等呀等，一直都不见动静。过了不久，突然听到“扑通”一声，他马上点上煤油灯照过全屋，又是什么都没有。这时水缸边有一个田螺跌入水里。啊！原来是田螺跌入水里发出响声。次日光棍强又照样上山砍柴，这天他决定早点回家，看到底是谁给自己煮饭的。将近傍晚他轻手轻脚地把柴挑回家放好，然后把脸贴近门缝向屋里看个究竟。这时他惊呆了，一个皮肤白嫩，头发长长，穿着漂亮裙子的姑娘正在灶头煮饭。光棍强马上推门冲进家里，还说这次我终于知道是谁给我做饭了。那姑娘也被吓了一跳。光棍强问姑娘是怎么回事，那姑娘只好把她喜欢光棍强的事一五一十说出来，还说自己就是田螺姑娘，住在阿强家中的水缸里。她说已经观察阿强一段时间了，阿强虽穷但善良勤劳，人又老实，她好喜欢阿强，决定要做阿强的新娘，帮助阿强打理家庭。阿强听了感动得热泪盈眶。后来阿强就真的娶了田螺姑娘做老婆了，生活得十分幸福。

两兄弟的金山梦

旧时，山坑旮旯有一条村，住有一户穷苦人家，阿爹阿妈都染病，家里无钱无粮，两个小孩饿得骨瘦如柴，身上烂衫破裤，让人感觉悲惨凄凉。

一天，有个神仙变成只大老鹰飞到这户人家门前，要驮上兄弟俩去一座叫太毛山的金山拾金蛋。大家知道便开心起来。

只听老鹰说：“你兄弟俩坐在我翅膀上，不要动也不能睁开眼睛，等到了太毛山才落地拾金蛋，而且大家必须在日出之前回到我背上飞回去，要不就会被猛烈的太阳烧死。”

兄弟俩看到满山满岭都是金蛋，爽到发了狂。可阿哥在附近捡了几个金蛋，惦记着用金蛋给阿爹阿妈治病就返到老鹰身边了。弟弟还嫌带在身上的麻包未装满金蛋，越拾越远。

东方开始发白了，老鹰催促大家立即飞回去，但弟弟贪心还是想拾得更多金蛋。可是日出不等人，老鹰只好背上阿哥飞回家里去了。只是太阳出来，贪心的弟弟活活被烧死了。

咬融婆

很久以前，有两个还不懂事的姐妹遇上一件奇事。有一天，妈妈去串门走亲戚，出门时提醒女儿们，晚上不要出去玩，关门就睡觉，如果来了陌生人，不要开门，会有危险的。两姐妹都答应妈妈了。

天很快黑了，一会儿真的有人来敲门，这个人就是人们传说的咬融婆，专门找小孩吃的。姐妹见有人敲门问："谁呀？"

"我是外婆，开门让我进去吧。"

大姐走到窗前看着外面说："你不是我外婆，我外婆脸上有个田螺痕的。"咬融婆听后就到村边水田里捉了只田螺，在脸上贴了个田螺痕，回来又敲门说："快开门啦，我脸上不是有个田螺痕了吗？"

姐妹俩看到咬融婆脸上确实有田螺痕，就开门让她入屋来了。咬融婆一下心生诡计，不让点灯，还说要为阿妹洗白白才睡觉。她好快就端来一盆水，要为阿妹洗白白。

过了一刻钟，阿姐看到盆里的水染红了，问外婆水怎么红了？

咬融婆说，她是用红米水给阿妹洗白白的，其实不是，她是用手掰伤了阿妹的皮肉，淌出血来了。

又过了一会，大家都上床睡觉了。阿姐被有人吃骨头的"咯咯"响声惊醒，心下害怕，起来就问外婆是什么动静。咬融婆说是她吃黄豆弄出响声。

阿姐不敢相信，过来一看，原来咬融婆吃了阿妹，阿姐吓坏了，急忙爬上阁楼。咬融婆想连阿姐都吃了，就找火柴点火照亮屋子。阿姐见到身旁有一坛水，就舀来水把咬融婆手上的火柴泼灭。咬融婆又打了一根火柴，阿姐又将它泼灭。最后阿姐把咬融婆手中的火柴全都泼灭了，坛里的水也没有了。于是勇敢的姐姐就举起个缸砸下来，砸中了咬融婆的额头，让其鲜血直流。咬融婆受了伤，赶紧往门外走去。天也亮了，咬融婆见有个卖油盐的挑着担迎面走过来，就问有什么药可以止血，卖油盐的知道这个头上流血的是不安好心的咬融婆，就上前说食盐最易止血，说着就往咬融婆额头撒了一把，一下痛得咬融婆跌倒地上，哭爹叫娘直打滚。

咬融婆难受得快要死了，赶快滚向田边去洗伤口，碰上一个浇地的老伯，哭着问怎么好。老伯说湴塌洞最好。咬融婆见田头有个湴塌洞就把头伸进入去，老伯趁机用锄头挖泥埋了这个坏蛋咬融婆。

过了几天，死去的咬融婆，血管变成了蚂蟥，骨头变成了蚊子。

大话伯讲大话

大话伯家住在菠萝营水库旁边。他七八十岁还十分勤劳，在山路上行走健步如飞，耕起田种庄稼非常利索精细，一点也不比后生仔差。他讲话幽默诙谐，平时喜欢跟人搞笑取乐。村人无论大人小孩常常逗他讲笑话，他每每编来故事，让大家听得乐呵呵的。

有一日中午，日头已经上天顶，大话伯从菠萝营水库那边田峒种地收工后，觉得肚子饿了，想赶快回家吃午饭。刚一入闸口，一群小朋友就追着过来，逗大话伯讲大话好不快活的，还有大人也一旁起哄逗笑。大话伯因为肚饿，不想多说，但那些调皮的小孩和寻开心的大人硬是拽着大话伯不放。只见大话伯小眼睛骨碌碌转几下，便一本正经对大家讲："我没有你们这么多闲工夫讲大话，菠萝营水库崩渠干水了，到处都是鱼呀，乌龟王八满地，我怎么有时间跟你们讲什么大话？我马上赶回家，拿鱼篓去捉鱼要紧。"

大家见到大话伯非常认真，满头雾水。一会儿，大话伯吃过午饭，拿着渔具，一路小跑径直向菠萝营水库冲去了。村中妇孺甚至还有男人也信以为真，跟着大话伯冲过去。

只见水库水茫茫，鬼影都没有一个。大家就骂大话伯，大话伯对着众人说："你们不是叫我大话伯讲大话吗？明明知道我是大话伯却还个个喜欢我讲大话？我都没办法了，哈。"

兄弟祭狗塚

从前，有两兄弟分家，弟弟分得一条牛，阿哥分有一只狗，弟弟好吃懒做，阿哥勤俭持家。

不久，弟弟将牛卖了。春耕开始，阿哥赶狗扶犁耕田，很快就种完了作物。弟弟感到好奇，向阿哥借狗耕田，问怎样赶狗拉犁。阿哥说，做一篮饭团，犁田时，将饭团逐个抛到前面，狗就拉着犁向前追吃饭团，当狗吃一个再往前抛一个，很快田就被犁转了。

弟弟借来狗也去犁田，但是他学人屙屁屙出屎。到了田地上，他将一麻袋饭团全部倒在田头角，狗一下便将饭团吃光了，躺在地上不愿拉犁了。他大发脾气，竟扛起犁把狗砸死了。

阿哥知道后，含着泪将狗埋到竹林里，还修了狗塚，年年清明节都去拜祭。有一年，阿哥去拜狗塚，忘记带筷子，就顺手折了几根竹子削了当筷子，谁知竹子发出朗朗声响，丢落满地白银，阿哥万分高兴，拾满一篮带回家。弟弟知道了，也学阿哥拜狗山，假装忘记带筷子，依样画葫芦折来竹子当筷子，结果竹林丢落满地狗屎，他也惹满一身，臭不可闻。他十分愤怒，用刀砍光了竹林。

阿哥把竹仔搬回家里，编了一个鱼苟用来到小溪捉鱼，每次都捉得很多鱼虾。弟弟知道此事，又向阿哥借来鱼苟照样去小溪捉鱼，到第二天早上去起鱼苟，以为也能捉到很多鱼，谁知鱼苟里钻出许多恶蛇，把他吓得半死。

高塘村：把乡土打造成村民生活的“安乐窝”

从外地驱车进入那吉镇，途径535县道，通往这座森林小镇的道路充满绿色生机，道路两旁都是绿油油的稻谷、草地和大树，展演着生态美景优势。

“产业兴旺、生态宜居、乡风文明、治理有效、生活富裕”二十个字醒目地书写在高塘村村口的白墙上，时刻警醒人们，乡村振兴战略实施任重道远。

全民参与，落实乡村振兴战略

甫入高塘村，一座干净齐整的公园映入眼帘，树木成荫，草地成片，新建的水泥村道两旁是生机勃勃的稻谷，挂穗的稻谷随风一摇一摆，收获的季节即将到来。来到村口，一座新建的厕所坐落路旁，白色的墙体印着各种宣传画，其中，邻里关系和农耕劳作两个主题最为突出。

去年“三清三拆三整治”的工作在村中有效开展，旧的危墙、夯建的泥墙房基本上已经被拆除，部分已被拆除的地方被围上了竹制篱笆，显得十分干净整齐。在巷口，正在纳凉的村民们正谈笑风生，含饴弄孙，连片稻田一望无际，看着村前美景如斯，村民生活过得十分怡然自得。

据了解，高塘村户籍人口500多人，常住人口200多人，是那吉镇潭角村委会比较大的自然村。说起这两年的变化，村民赞不绝口："以前村里到处是泥路，休闲娱乐也无处可去，现在不仅有乘凉的地方，还有篮球场、文化楼、市民健身场地、公共厕所……"农村人居环境整治让村庄大变样，吸引了不少村民回村建新房。

村民是农村环境整治的受益主体，也是参与主体。政府机构各司其职，社会各界各尽其力，农民积极参与人居环境整治，营造美好人居环境共建共享的良好氛围，整洁有序、环境宜居、文明和谐的美丽乡村新图景指日可待。

为进一步推进高塘村的建设，那吉镇政府将高塘村定为示范村，将建设一个公园、两条村道、一条农渠、一座标准厕所、一座村级污水处理站、一批宣传壁画、一个党建阵地，把高塘村建成那吉镇乡村振兴战略实现的成果展示窗口。目前，位于公路边的村头公园已建设完成。党建阵地建在村的东边的文化楼，已完成建设投入使用。一座现代式乡村正拔地而起。

以点带面，让乡村振兴战略惠及更多村民

全面实施乡村振兴工作以来，在恩平市农业农村局等上级部门的指导下，那吉镇坚持以建设森林温泉小镇为目标，按照江门市"全市美丽乡村建设大比武"工作部署，结合全镇农村发展现状，扎实推进人居环境整治，助力乡村振兴。试点先行、以点带面，干净整洁的村容村貌和日渐完善的基础设施使农村焕发活力，广大群众切切实实享受到推进乡村振兴的果实。

自开展美丽乡村建设"大比武"工作以来，那吉镇以点带面、全面推进，潭角高塘村率先开展行动，随后各村你追我赶地开展行动。

在全镇的整治过程中，那吉镇党委政府对具体工作进行深入指导，对

长期无人居住、无人修缮的废弃房屋及残垣断壁开展清理，实现村庄建筑整齐整洁；清理农户房前屋后和村内巷道的杂物，对建筑垃圾及时清运，对未审批的乱搭乱建予以拆除，彻底消除村庄房前屋后乱堆乱放、乱搭乱建问题，提升村容村貌；建立文明村规民约，从源头减少垃圾乱丢乱扔、柴草乱堆乱积、农机具乱停乱放、污水乱泼乱倒、墙壁乱涂乱画、“小广告”乱贴乱写、畜禽乱撒乱跑、粪污随地排放等影响农村人居环境的现象和不文明行为。整治情况采用“红黑榜”的形式在全镇通报。经过刮骨疗伤式的整治，那吉镇农村的村容村貌发生了翻天覆地的大变化，村居环境得到明显改善。

乡村振兴战略的实施是没有终点的。那吉镇将进一步对标找差距，推进乡村振兴战略落地生根，以饱满的工作热情投入村庄清洁专项整治中，建立有制度、有标准、有队伍、有经费、有督查的村庄人居环境管护长效机制，真正实现农村净起来、绿起来、美起来。

（本文作者：吴健争）

乡规民约故事

那吉本地流传的乡规民约故事很有意思，对良好乡风村风的形成和村民生产和生活起着重要作用，值得后辈学习取经。

草标

村民每当播种时节都会到河岸拔来朗鼓芯扎成一朵，白头向上，倒插在秧田旁边，以示这田地已经播种。邻居知道后就再也不会到秧田附近放牛放鸭，避免踏坏庄稼，引发矛盾。

打山猪

过去，山区村落周围森林密布，许多猛兽常常出没，伤害人畜，毁坏庄稼，特别是山猪，危害极大。为此村民自觉组织护村队，约定凡听到敲打铜锣声响，青壮男女都要自觉拿起锄头、木棒等，形成一个声势浩大的集体追赶山猪。如果打下山猪，分肉时不论男女老少，见者有份，村中自然形成团结对敌的氛围。

年节互助

每当过年过节，村里的叔伯婶母都会自觉地相互帮忙，一起做准备，特别是对那些孤贫有困难的邻居定会尽力相帮，从不计较报酬。男人帮助修房子，女人帮助做家务。每当谁家过年要走亲戚，大家就自觉关心过问，看谁家需要帮忙捣米整糍，到时就自觉围拢过来，嘻嘻哈哈开开心心地展露自己的手艺，一村人更显得相亲相爱。

红白事相帮

谁家有红白两事，村人总会一传十，十传百，一下子各家各户都知晓，都会拿着红包串门去，自觉表达心意，自愿帮忙做这做那，总能帮着搞得妥妥当当的。

父兄

家有家法，村有村规，邻里相约，村民自治，这是当地世世代代相承的好传统，因而村村落落和谐相爱，过着平平安安的生活。当然洗碗有相碰，生产生活中的村民也难免会有矛盾。如果因为什么发生误解或纠纷，大家就会找来村中德高望重的成人，人叫父兄，由父兄了解矛盾，做好调解工作，化解矛盾，达到和睦相处，这是非常好的村民调解制度。

禾熟时节禁放家禽

村民各户散养家禽（主要是鸡、鸭、鹅），平时自由放牧野外，觅食天然饲料，降低成本，提高肉质。每当稻谷黄熟到收割前一个月，村民依约自觉用竹栅木栈等将家禽圈养起来，以防家禽偷啄稻穗造成损失，等到水稻收割后，再放家禽食取脱落谷粒，物尽其用不浪费。

男屋女屋

过去村民多数家庭兄弟姐妹多，住房少，很难保障未婚子女住房需求，同村有空余闲屋的村民就主动免费出让给有需要的未婚青少年住宿，按性别分为男屋女屋，同性结伴聚居。男女青年结婚成家后退出男屋女屋，保留空余床位借弟妹住宿。同住一屋的青少年能互相交流信息，学习技艺，这种风气良性循环，很好地优化乡村育人环境。

记号草地

过去农村各家各户均是割山草作为主要的生活燃料，村民根据一年中草木荣枯情况，一般在中秋节后至晚稻收割前这段时间割山草，堆草堆，供一年使用。大约在七月田了节后，村民上山用镰刀割出约一平方米面积的草痕，围着一大片山坡，表示这片山草地已经有了主人，后到者见状默认其归属权，自觉另寻割草山地。各家各户相约成俗，和睦相处。那时的山地多是集体的，大家只割野生山草，不准砍伐山上树木，使众山常绿，碧水长流。

乡风文明话回龙

回龙村是那吉镇一条古老的村落，一直来民风淳朴，被评为恩平市文明村。村民彭玉芝因为尊老爱幼，爱家护村事迹突出，入选首届中国好人榜。自立村以来，村民世世代代发扬尊老爱幼的传统美德，维护祖先尊严，提携年青一代。村里非常注重村风建设，全体村民共同商议，制定乡规民约，男女老少自觉行动，共建美好家园，为人们树立好榜样。村民生产和生活遵章守法，讲求道德约束，亮点纷呈。

每年春节，外出的人无论路途有多远都要赶回来拜祭祖先，参加村中大事商议，总结过往一年的好人好事，发现邻里的困难并积极扶危济困，出谋划策，开展慈善公益活动，推动家乡的建设发展。

乡规民约要求每家每户男丁共同组成守家护村队，更具传统美德意义的是村里的尊老爱幼协会和长生协会，每个后生都要参与其中活动，凡是村中老者去世，大家有钱出钱，有力出力，安抚亲属，化悲痛为力量，扶棺送殡，自觉轮值，实属感人。这大大增强了村民的凝聚力，团结一致，真正做到一人有难，全村相帮。

回龙村崇尚读书新风，激励青少年读书成才，掌握本领感恩父母，建设家乡，报效祖国。村中订立奖学机制，一是帮助有困难的学生，二是鼓励全体子弟读书成才。自 1977 年我国恢复高考后，村民李民仔夫妇节衣缩食，含辛茹苦把儿女培养成才。李柳茵、李永慈、李柳青姐弟非常争气，刻苦学习，相继考上大学。这为回龙村树立了榜样，开出读书新风。

从此以后，村民自觉维护奖学制度，鼓舞了全村的有志青年，到如今已经培养出数百名大学生，为家乡增光。

村人非常注重生态环保建设，人人热爱家乡的山山水水，认识到“金山银山不如绿水青山”的重要意义，更认识到他们的属地都是恩平市锦江河的水源地，所以建设森林小镇责无旁贷，男女老幼积极投身保护家乡的森林树木当中去。自古以来，村民订立乡规民约，用心保护好村前山后的花草树木，从不随意砍伐，所以到现在作为那吉森林小镇的核心地段，回龙村的森林郁郁葱葱，古树参天，泉水淙淙，鸟语花香。

罚人先罚己

那吉高塘村地处大人山南麓。解放战争时期，从村后山延伸至大人山“双针”二峰一带的山脉，草木生长茂密，特别是村后山，林木参天，鸟语花香。这样的自然生态，不但美化了山村，保护了水土，而且更重要的是可以掩护革命志士在非常时期向深山老林转移。

1947年，恩平适逢大旱。高塘村民迫于生计，纷纷四出求生，少数留守村民照顾家中老幼。当时为了解决饥饿问题以及其他用使，一些留守村民不顾老祖宗定下的族规，砍伐后山藤木，或用作器材加工，或用以烧炭，或用作木材变卖换钱。不出半年，原本保护完好的后山林木遭到严重损毁。

是放任村中留守难民继续毁林渡难关，还是强化老祖宗规定保护好后山林木，以村长谭潘为首的几位村中骨干做了两全其美的决定：保护好后山的林木，首先是有利于当时的革命活动，其次起着本村防风、防蚁、防水土流失的作用，可引导留守村民渡过荒灾也是头等大事，因此暂时开放近处的大人山南麓生态林域限量砍伐。村长谭潘最后提议，在保护后山林木这一点上要强化老祖宗定下的规矩，以后，不管在任何时候、任何情况下，村民若随意砍伐后山林木，每一棵计罚款白银十两。

古有商鞅变法令初行一言九鼎，时有谭潘“规新修罚人先罚己”。事出凑巧，新修族规公布后，第一位违犯者竟是谭潘的儿媳妇，她以为仅仅是砍了一根做锄柄的小树（非图钱利），不致要罚银。大荒之年，要筹十两白银并非易事，儿媳恳求，情有所原，要求酌情处罚，儿子也认为，理亲有别，要求网开一面。在村骨干议事会上，五人十目齐齐盯着谭潘。谭潘不愧是村中模范带头者，他毫不犹豫地表态：“新修族规，强化对后山林木管理，是我提议，今家人首犯，理当从我罚起。”说罢，随即从身上掏出作为罚金的十两白银。

开后代“香风正气”先河，谭潘从我从家齐做起；

启来者“爱村重德”风尚，村民规己规人互勉监。

此后，高塘后山，一直覆绿到现在。

（本文作者：吴植钿）

保护青山绿水，黄角早有高招

锦江水系最上源有三大支流：一是莳底河，直接流入锦江；二是岑洞河，直接流进锦江水库；三是清湾河，分别纳黄角河、沙河、七星坑等支流，也直接汇入锦江水库。恩城及大田镇居民目前所饮用的水（包括“七星坑山泉水”）主要是锦江库区水。因此，保护好锦江流域最上源一片青山绿水，关乎恩城、大田一带20多万人口的身体健康问题。

保护一方青山绿水，黄角河流域里的黄角人早有高招，这高招便是：村支书挂帅接力传承，村规民约规范管理。

管理好一方青山绿水，是历任书记的不成文规矩。每一任书记都要把保护黄角一方青山绿水作为头等大事来抓，不能新人不问旧事，接力贯彻往届村委会主持制定的《关于人畜损毁农林植物处罚村规民约》。新书记不负重托，现在正在紧锣密鼓进行两项工作：第一项是协助原始林域面积庞大、容易引发大面积山火的回龙村订立防火措施；第二项是与时俱进，对原2000年颁布的黄角村委会村规民约进行全面修改，融进黄角河“三治”（治污染、治流失、治偷挖）、山林“三防”（防火、防盗、防滥伐）、村民自律等较为全面的措施。目前，《回龙村后山林域面积防火措施》的制定工作已经完成。其中主要措施有二：一是传承祖训，保护好后山林，不准毁损，不进火种，不准捡拾柴薪；二是规定每年8月16日为维护后山“火界日”，到这一日，每户派工一至二人（也可请人代替），落实地段任务，对原“火界内”杂木杂草进行彻底铲除，以防万一事故发生，火势蔓延。

保护一方青山绿水，黄角村委会早有成例，民约条规具体，措施力度强，且附有村民署名及指模印，成为村民“心中之法”。民约由历届村书记接力传承，有效保证其持续性。黄角村委会自订立民约以来，干部带头守约，村民严格自律，使一方山水得到妥善守护。

（本文作者：吴植钿）

塘角村的书香之家

在离那吉圩大约3公里的地方，青山苍翠，一条小河淙淙向南流去，山坡河岸上奇花异卉争红斗艳，田野上禾苗正绿，庄稼茂盛。就在这青山绿水，鲜花簇拥之间，一条小山村炊烟袅袅，美丽得令人向往。

村中住着一户叶姓人家，主人叫玉华。叶玉华夫妇一生勤劳节俭，时时处处孝敬父母，有好吃好喝的先给父母，对老人家关怀备至，提携兄弟姐妹，虽然日子过得拮据，但一家人相敬如宾，相邻称赞有加。

叶玉华只读过两年私塾，因为家贫，小小年纪就帮父母干活了。年轻时，他曾经做过挑夫，每天起早摸黑，挑些山货到阳江卖了，又帮人家从那里挑些咸淡回来，赚点小钱，养家糊口。

因为到处走，他听过见过远处外乡许多动人的故事，回来就告诉家人，让家里孩子记住做人的道理。他经常教育家人，要想有出息，就要重视读书，明礼义知廉耻。他也是个聪颖的人，听人谈论的好诗文，他常常会请教弄懂。有一句话，在叶家世代相传，自然而言地成了家训，那就是“从善如登，从恶如崩”。艰难的人生让他悟出培养儿孙读书的重要性，他逢人都说，要想让后代读书成才，需要经过三代人的努力。他总是教育家人，特别是对孩子，循循善诱，用通俗易懂的语言把道理说得深入浅出：人生在世，一定要做好人好事，做好人、做善良人就像登山一样不容易，但踏实；然而做坏人坏事，就像水流沙，一下子就会垮塌了。

这些警世良言，世代影响着家人，形成良好的家风。

孩子叶建庭长大后在父母言传身教下，半耕半读，下定决心要读书成才。他白天和父母一起干农活，就算到山上放牛也拿着书本，可谓牛角挂书，憋足劲去钻研学问，晚上挑灯夜读，煤油灯常常把脸孔都熏黑了，为了读书，他熬尽了苦头。

贫苦人好不容易盼到了翻身解放。叶建庭也如愿以偿当了一名让人羡慕的乡村教师，他也更用心地延续父辈营建的良好家风美德，诗礼传家。

谁知道当他正专心教学的时候，突如其来的祸事让他和家人都懵了。他被打成黑五类中的右派。从此他和家里过上的惶恐不安的日子。

但是叶建庭相信父辈留给自己家训格言，相信社会的光明正义，他内心深处更明白自己教书育人没错。在这个艰难的时刻，他依然不放弃教育后代，无论如何不要记仇社会，不要和自己过不去，把困惑和被抹黑的事情像擦黑板一样擦掉，做人就要心底无私天地宽。他坚持一定要弘扬从善如流的家庭美德，什么都可以没有，但美好的家风要代代相传，只要有孩子就得教他做一个德才兼备的人，不忘本，懂感恩。

到了 1979 年，叶建庭终于得到平反。从那一刻开始，他更用心教书育人，对自己的孩子更加严格要求。那时生活艰难，但他仍然十分节俭，能拿出钱来就给孩子买书，每一本书都染透了他的汗水，也饱蘸他的育人智慧。为了培养出优秀的儿子，他不只是用尽家里所有的钱财，更付出了人生全部的心血。

叶建庭因被打成右派遭人白眼，生活艰难，但对子女教育总是很尽责。比如，那时他去高朗村北边竹篙岭和与大田交界的锅盖山采山货到阳江田畔卖，挣钱十分不容易。他常叫儿女起早摸黑上山砍柴，卖了换些钱买书来读。那时有个老伯在那吉圩摆书摊，读者每读一本书付五分钱。叶建庭常常叫儿女到摊档读书，读完一本后写下书名并签名记录在册，等到下个圩日，他便亲自到那个读书摊档给儿女付阅读费。那时生产队挣工分的劳动日值很低，劳动一天只得四分钱收入，有时孩子阅读的钱甚至多过全家一圩期五天的饭菜钱。叶建庭如此重视读书育儿，真是让人感动，方圆十里传为佳话。许多乡邻都以他为榜样，建立优良家风，就算是笔筒量米也教子读书。

功夫不负有心人，他的心血得到了回报。从祖辈到孙儿，叶家人读书成才，一步一步走向成功，也印证了爷爷叶玉华说的朴素道理，培养读书家风真的需要历代人的教育接力。国家恢复高考后，叶家两个孩子都考上了重点大学，成了国家的栋梁之材。

花香不及书香远，世味无如道味长。良好的美德家风是家运长盛的根本，真是读书二字值万金啊。

谭角村委会高塘村村民自律四言歌以及村民公约

一、四言歌

革命老区，
荣誉齐天，
先辈血染，
永不忘本。

过年过节，
祭祀祖宗，
人之常情，
铭记英烈。

大人山高，
青松挺直，
本性纯洁，
开枝发叶。

尊老扶幼，
继往开来，

孝悌忠信，
家风传代。

村风昌明，
家家康宁，
相亲相爱，
讲义重情。

青山绿水，
金山银山，
乱砍滥伐，
定当处罚。

饲养禽畜，
环境卫生，
不污水源，
莫扰村民。

村容村貌，
一起美化，
村场整洁，
爱村如家。

外人来访，
相敬如宾，
请坐敬茶，

礼貌情真。

拒绝毒品，
康健身心，
不赌不偷，
世代贤良。

为人父母，
树好榜样，
身染坏习，
儿孙学样。

重视科技，
常学文化，
无知穷死，
有志读书。

耕种适时，
不荒良田，
勤劳智慧，
守护家园。

二、村民公约

1. 热爱祖国，拥护中国共产党的领导。
2. 不准有家庭暴力行为，邻里之间和睦相处，要尊老爱幼。
3. 不准沾染“黄、赌、毒”，要关爱生命，树立新风。

4. 不在公共场所乱堆乱放，不乱搭乱建，要维护好屋前屋后的秩序。

5. 不乱丢垃圾，要做好门前“三包”，要服从保洁员的管理，尊重他们的劳动。

6. 不在村中散养禽畜，要实行圈养，尽量减少养殖排泄物对环境的影响。

7. 不破坏公共设施，要维护好村的公共设施和村容村貌。

七星塘村委会村规民约

同村祖先是一家，
发叶开枝一条村，
记住血脉心相连，
香灯火旺代代传。

你我若无好家风，
有地有钱也会穷，
相处若无好村风，
脸红羞对老祖宗。

立规立矩大家事，
记牢用好全村同，
新农村，树新风，
安居乐业人称颂。

我要爱家先爱国，
重情重义谢党恩。
热爱集体不自私，
学法知法更守法。

水利交通通信好，
供电供水设施强，
人人利益都相关，
爱护公物人赞赏。

大小事情阖家来，
团结友爱人帮人，
和睦相处讲道德，
搬弄是非人人憎。

移风易俗红白事，
铺张浪费最可耻，
沉迷赌博家会破，
贩毒吸毒没生路。

村容村貌如人脸，
环境卫生靠大家，
全村美化我出力，
脏乱人人都吊架。

村长话事我听话，
凡事商量不独霸，
将心比心对人家，
齐心协力为公家。

农村致富靠种养，

勤劳科学养牛羊，
鸡鹅鸭仔望身靓，
污染水源不原谅。

尊老爱幼要成风，
儿行千里常回家，
孝敬父母第一事，
遗弃老人必惩罚。

结婚自由要办证，
优生优育讲文明，
男女平等一个样，
家庭暴力人最伤。

违反本村规民约的，由村委会和村民小组酌情进行处理。

本村规民约自村民代表会议讨论通过之日起施行。

那吉圩镇文明公约

遵纪守法，戒毒禁赌。

崇尚科学，反对邪教。

邻里守望，助残扶弱。

家庭和睦，爱幼敬老。

为人处事，胸襟大度。

自重自律，团结友好。

举止端庄，文明礼貌。

待人友善，诚实守信。

群防群治，防火防盗。

注意防范，加强安全。

公用楼道，整洁畅通。

垃圾袋装，严禁高抛。

装修房屋，守时遵约。

爱护公物，不乱丢抛。

车辆停泊，规范有序。

饲养宠物，处处管好。

晒衣种花，水不下漏。

安装空调，排水有道。

公共设施，自觉爱护。

栽树种草，注重环保。

强身健体，大家参与。

书画文娱，陶冶情操。

家家学习，勤读书报。

践行公德，我定做到。

怀念清湾革命老区

恩平老红军　郑锦波

清湾游击敌惊慌，五载斗争永不忘。
铁马金戈惩腐恶，头颅热血换晨光。
军民鱼水身常暖，闾里恩情心久藏。
甲子睽违频远念，乡亲定必富而康。

忆江南·清湾锦江水库

郑锦波

一

清湾忆，火热话当年。
万齐挥建水库，千军共奋战山川。
老区现新颜。

二

锦江美，丽景映湖中。
日出林场晨鹤白，花开水里夏荷红。
七月正熏风。

咏清湾故乡

清湾原上冲村　冯馨尹

峰回路转觅桃源，村落依稀染柳烟。
犬吠一声云里荡，花燃半壁水中眠。
蓑衣犹裹秦时月，山野已成不夜天。
共话桑麻欣把盏，揽来胜景入诗篇。

清湾根据地

清湾原桃榔树村　李梓良

僻地清湾毗两阳，红旗招展进山乡。
大槐伏击惩倭寇，黄角智摘铲祸映。
“二减”施行民雀跃，千人扫荡敌嚣张。
大军南下途经此，乡里支前已备粮。

沁园春·黄角

黄角万洞村　黎杰伟

黄角风光，漫山绿遍，鸟语枝头。望茅坪山麓，杉松挺拔；狗头岭上，竹木千秋。起伏峰峦，纵横溪涧沃野，葱茏稻菽稠。雨过后，看白云绕岫，景物更优。

故乡物产丰饶，靠农夫勤劳兼雨调。只耕耘稻麦，犹嫌不足，栽杉植果，竞逐高潮。改革开放，市场经济，致富热潮似火燎。欣瞻目，创三高农业，小康明朝！

楹联

（十三副）

题清湾联

当代沙岗原大陂村　郑泽荣

清地沃壤，可育儒门三级士；
湾河秀水，能哺华厦百年才。

题清湾山川形胜联

当代清湾原桄榔村　李鹏荣

清山叠嶂层峦。狗头山屏东，七星顶障西，烂头岭坐南，君子峰镇北，拱护乡中四垌。遂成旖旎风光，地灵人杰。
湾水千回百转。黄角川绕右，沙岗溪环左，岑洞涧续后，清湾河竞前，汇流锦上宏湖。乃得浩茫烟浪，鱼跃龙腾。

题黄角中学联

当代黄角长塘村　袁锡明

黄角后枕青山，山色妩媚，桃李芬芳尤添色；
中学前环碧水，水光潋滟，鱼龙闪烁倍增光。

上冲村联

（佚名）

上集儿童勤学业；
中居老翁乐康宁。

河尾村联

当代村人　麦显科

河尾为锦水源头，流长源远；
村庄在珠环岭脚，地僻岭高。

大陂村祠堂门口联

（佚名）

门前见石人，好学石人登阁道；
祠左近君子，当如君子作屏障。

白沙湾村联

当代村人　蓝瑞强

白昼燕翔变风舞；
沙湾鱼跃化龙腾。

篱仔坪村联

当代村人　黄华祥

篱仔遍山，生财有道；
坪田廿亩，糊口无愁。

回龙村元宵节联

民国村人　李学溢

村号回龙，且喜新春增月色；
家传射虎，会逢元夕灿灯花。

金盘村（即下九头村）联

当代村人　李世明

金秋五谷皆丰熟；
盘满四肴大有年。

福安村（即新坪村）万庄书室联

佚名

万代炽昌，每赖书香绵德泽；
庄村固稳，全凭地脉毓文人。

大陂头村联

当代村人　郭剑波

大岭木葱茏，庇荫村民均乐业；
陂头水荡漾，灌溉垅亩永丰年。

石湾村对联

石山凤起，湾水龙腾。

石山哪怕雨来淋，湾水长灌丰产田。
安定开基凭祖德，珠玑发叶赖宗功。

歌谣选辑

龙眼仔

龙眼仔，球[①]还球，好妮[②]女，领猪头，领起猪头阿妈笑，抬起花娇阿妈愁。阿妈妈，唔[③]使愁，七月田了[④]女回头，有人同你担埋[⑤]水，有人同你梳埋头，有人同你看埋牛。台[⑥]上有盆血汗果，俾[⑦]你吃都永远唔会愁。

注：①球：一串；②好妮：漂亮；③唔：不；④田了：插完秧后；⑤埋：好；⑥台：桌子；⑦俾：比，给。

老鼠仔

老鼠仔，唱滑[①]歌，唱去南山可[②]老婆。有钱可个好妮女，冇[③]钱可个花皮婆。一粒豆皮三粒金，花皮老婆冇处寻。

注：①滑：女子听；②可：娶，拿，要；③冇：没有。

月亮光

月亮光，照地巷，买子姜，子姜辣，买甲由，甲由苦，买猪肚，猪肚肥，买牛皮，牛皮韧，买竹笋，竹笋薄，买莲角，莲角尖，买马鞭，马鞭长，睇屋梁，屋梁高，买张刀，斩猪菜，买箩盖，箩盖圆，买只船，船冇底，浸死两个“疍家仔[①]”。

注：①疍家仔：以撑船为生的人。

家世谣

壳仔菜，开花迭迭[①]来。大姊织布赶纱会，阿娣读书考秀才。秀才子，秀才郎，大哥骑马去莲塘，莲塘有条海仔[②]清悠悠，得来洗身[③]得来游。二哥撑船去广州，三哥担担[④]去卖油。有乜[⑤]买，冇乜买，买把金扇仔。遮娣头，遮妹头，金角纸扇金角女，金角纸花遮满头。笠对笠，球对球，黄莺对石榴。石榴吾开口，开口顺风流。

注：①迭迭：一重一重；②海仔：指小河；③洗身：洗澡；④担担：挑担；⑤乜：什么。

睇牛仔

睇牛仔，真奔波，水浸田基冇处坐，走上山顶坐一坐，望见[①]牛吃禾。阿叔阿叔莫打我，等我擦干眼泪去扶禾。

注：①望见：看见。

苦瓜仔

苦瓜仔，芯里红，有人富贵有人穷。有人戴帽去田峒。有人树下撞[①]南风。有人大鱼大肉嫌冇餸，有人粥水冇一盅。有人床上得抓[②]草，有人训觉[③]冚[④]鹤绒。有人四十无妻室，有人红颜伴老翁。有人衫裤穿百孔，有人绫罗绸缎着[⑤]无穷。

注：①撞：迎面吹风；②抓：把；③训觉：睡觉；④冚：盖；⑤着：穿。

解娘心

鸭仔下塘恋[①]水氹，梅花跌落菊花林。

今朝我娘吾吃饭，唱条[②]歌仔解娘心。

注：①恋：玩；②条：一支。

补碌仔

补碌仔，碌过塘，塘水边，有个钓鱼郎；拗竹笋，摘槟榔，槟榔香，二哥可二娘。二娘坐落金光椅，二哥坐落金光床。长手巾，搭床封，短手巾，擦茶盘。擦得茶盘蜡蜡[①]靓，隔里阿婆来送请，鱼骨鲠紧颈，喊可饮[②]，又冇饮；喊可茶，又冇茶。问个孙女几时嫁，八月十五嫁。几个隆[③]，十个隆。几个箱，十个箱，谁人嫁女歌[④]排场。

注：①蜡蜡：像擦过蜡一样；②饮：饮水；③隆：木头做的大箱子；④歌：这么。

菱角仔

菱角仔，两头弯，弯去大姊山。大姊割禾未得闲，放下禾镰同妹讲，眼泪双双跌落塘。

婆梳梳

婆梳梳，捡田螺，捡紧有几多，捡紧有三箩。一箩搏米煮，一箩搏柴烧，天井角还有一箩，禾雀担去卖，崖鹰吊返来。

小摸佬偷糖

月亮光光，小摸佬[①]偷糖，盲佬睇着，哑佬喊，黎佬，赶到鸡公石，捡对红皮屐，屐冇牙，捡张耙，耙冇齿，捡个李，李冇瓤，捡张床，床冇封，捡个笼，笼冇底，捡个蟹，蟹冇钳，捡张镰，镰冇柄，捡个岭，岭冇草，捡个佬，佬冇头，捡个牛，牛冇角，捡个烂椰壳，抛上天，跌烂婆仔个镬，婆仔出来抠两揼，公仔出来揼两烟斗壳，小摸佬走去门角“鼻索索[②]”。

注：①小摸佬：小偷；②鼻索索：哭哭的意思。

打地岳

起大风，果仔落，上山打地岳，地岳转，转花匀[①]，阿爹喊我睇龙船。龙船到过塘门口，起屋又起楼，起对狮子两边蹲，起对白鹤同游楼，两把纸扇遮日头。

注：①花匀：小玩具。

咸眼婢

咸眼婢[①]，着红裙，着起红裙拜蒗古[②]，蒗古花开十二丛，男人行过摘一朵，女人行过摘一丛，摘来做乜呀？摘比阿娣织灯笼。织起灯笼上屋照，下屋照，照着个咸鸡髀[③]，娣咬啖，妹咬啖，留返鸡髀骨，比新斯娘做糍馅，新斯娘颈赤[④]做一啖。

注：①咸眼埤：一种小鱼；②蒗古：一种带刺植物；③鸡髀：鸡腿；④颈赤：嘴馋。

打掌仔

打掌仔，搏咸鱼；咸鱼香，搏榄姜，榄姜辣，搏甲甴，甲甴苦，搏猪肚，猪肚骚，搏猪膏，猪膏甜，搏禾镰，禾镰利，割娣鼻，禾镰钝，割娣臀。

斑鸠谣

斑鸠嘟嘟[①]，上山望大姑，大姑几时来，初三初四来，一篮饼，一篮糍，大个粉印[②]大个糍，大个桔果吊门楣。

注：①嘟嘟：斑鸠的叫声；②粉印：一种饼。

禾雀谣

禾雀仔，跌落埕[①]，漏个蛋，乌灵灵，阿娣喊可煮，阿妈喊可蒸，阿爹喊可酿网绳。

注：①埕：坛子。

小童谣

侧侧起，侧侧起，鲮鱼仔蒸豆豉，上市卖下市，好吃哩，唔够我一箸。

划莲子

划莲子，划莲王，莲子妹，落何方？伯公伯婆来，来到哪，来到眼塘边，点笃火，烧口烟，合埋手，攥埋拳，合埋双手上天。

调猪逛

调猪逛，调去三眼塘，捉条鲤鱼煲黑豆，捉条生鱼煲啖汤。

萤火仔

萤火虫，夜夜来，来可咩，来可茶，茶仔盅，装油麻，橘子树，稔仔开花，阿兰嫁，嫁去海边洗龙芽，龙芽好吃唔留种，留种唔出芽，下咩茶，下清茶，查着中间有粒沙，磕破大哥个大牙。大个佬骑白马，细佬哥骑冬瓜，摘朵大红花，给嫂插，嫂嫌红，给妹插，妹唔插，插入二哥房，捉个鸡仔拜阿公。

赏月谣

赏月光，赏月明，年年赏月歌高兴，糖鸡斧碌[1]奉神明，斧碌团圆做功果，月月赏月我做先头。

月光光，照地巷，年卅晚，剥槟榔，槟榔香，二哥可二娘，二娘坐落金光椅，二哥坐落金光床。

注：①斧碌：柚子。

媳妇谣

鸡公仔，尾弯弯，做人媳妇确系[1]难，早早起床都话晏[2]，厨房有个冬瓜仔，问问安人[3]煮或蒸，安人话要煮，老爷又话蒸，煮煮蒸蒸唔中意，三日打断两条烧火棍[4]，五日跪烂三条裙。

注：①系：是；②晏：迟；③安人：奶奶；④火棍：烧火用的棍子。

十二月歌谣

正月锣鼓响叫叫，二月里来散灯寮，三月耙田蛤蚧跳，四月禾苗青夭夭，五月龙舟过巷游，六月割禾可草烧，七月劏个鸭仔做田了，八月粉皮条还条，九月重阳放纸鸢，十月禾束两头挑，十一月蕃莳又大条，十二月劏鹅点豉油。

鸡吃谷

鸡吃谷，打禾碌，禾碌长，打姑娘，姑娘矮，打矮仔，矮仔跑，打咸炮[1]，咸炮洞，打鸡笼，鸡笼疏，打奔波[2]，奔波恶，打蒲鹤[3]，蒲鹤奏，打鹁鸠[4]，鹁鸠嘟嘟，担糍去大姑，大姑冇到企，担去水河喽蝗蜞，蝗蜞扭扭来接篮，鳅鱼耳鳄来吹角，公蟹钳钳来打签，田螺磨磨来拜神，大家感情比海深。

注：①咸炮：一种玩具；②奔波：一种玩具；③蒲鹤：一种鸟；④鹁鹁：一种鸟。

拾稔歌

六月六，生虫稔熟，七月七，左手捡稔右手笛，八月八，捡个稔仔烂挞挞，九月九，捡个稔仔甜过酒，十月十，捡个稔仔用石砸。

顺口溜

当当当，当当当，勤哥上山有希望，收拾锄头和铁锹，一程走返村中个饭堂，阿锦哥，开饭喽，你唔听见勤哥打当当？锦哥连忙翻起床，揭开锅，分米饭，分菜汤，分条鳙鳊蒸生抽，大人小孩共一席，欢欢喜喜吃饭忙。

落水仔

落水仔，落微微，公大[1]骑牛去看戏，婆大[2]到企做馅糍。

注：①公大：外公；②婆大：外婆。

崩牙齿

崩牙齿，扒猪屎，种冬瓜，冬瓜大，担去卖，卖紧[1]几分钱，买呢[2]乜，买朵花，比你妹仔插紧笑哈哈，比你大姊插紧笑甩牙。

注：①紧：得到；②呢：一些。

捡稔谣

捡稔女，捡稔奴，现在捡稔咩[①]时乎？屋企[②]有工你唔做，走来山头岭坪晒紧[③]黑乌乌。

我晒乌唔乌，唔关你个死仔事，我嫁比个读书君子，唔嫁俾你个睇牛奴。

注：①咩：什么；②屋企：家里；③紧：着，得。

睇牛歌

睇牛仔，真下贱，烂帽蓑衣都冇件。吃碗冷饭淘冷水，眼泪洗面谁可怜。

睇牛歌

千山万水千重山，欲寄心事难上难，阿哥整天缠山转，望眼欲穿妹未还。走上山头遥望盼，牛仔走丢亦当闲。谁知牛仔也不跑，与哥同心接妹还。

新婚歌

花好月圆同心德，和谐自守凤双飞，俊健才朗对美女，只当玉女飞兰房，宝镜台前人似玉，鸳鸯福禄美如花，龙引凤凰登凤阁，凤生龙子游龙门，生前点定鸳鸯谱，今朝郑卢[①]结凤莲。

注：①郑卢：郑姓人家里。

铺床歌

新郎眠入边，新娘眠出边，阿娣中间眠，四个床角四个果，四个哥仔那边坐，四个床角四个糍，四个哥仔笑微微。

夹房歌

三七夜又静，七宿伴牛星，西有长庚东有启明，宝鸭交头照月影，走寒星，眷属嫦娥咏，牛郎织女真仙景，银河相会真有情。

贺寿歌

门口池塘好清水，池塘清水养鲜鱼。
五福临门在门口，多条快活少条愁。
天官赐福在我家，福祥字样真繁华。
高照平安家宅旺，条条好路通家堂。
福寿双全金玉满，招财进宝入家门。
百样事情齐兴旺，多福多禄满家堂。

寡佬叹世情

愁呀愁，我点[①]算，瓦面[②]漏水屋无门，床板又长席又短，狗庇[③]成揸虱乸[④]成团，衫纽[⑤]崩齐裤穿洞，无人照理几寒酸，五指手巾随身转，一年悭返[⑥]几多手巾钱。

注：①点：怎么；②瓦面：房屋的瓦盖；③狢庇：一种小害虫；④虱乸：一种喜欢长在头发中的小害虫；⑤衫纽：纽扣；⑥悭返：节约。

斑鸠歌

斑鸠有钱花颈领，
鹊乸冇钱白衲补肩头，
鹊乸冇钱树上起高楼，
斑鸠有钱竹林蹲。

那山那水那吉人

——恩平民歌

梁水长 作词
梁连盛 作曲

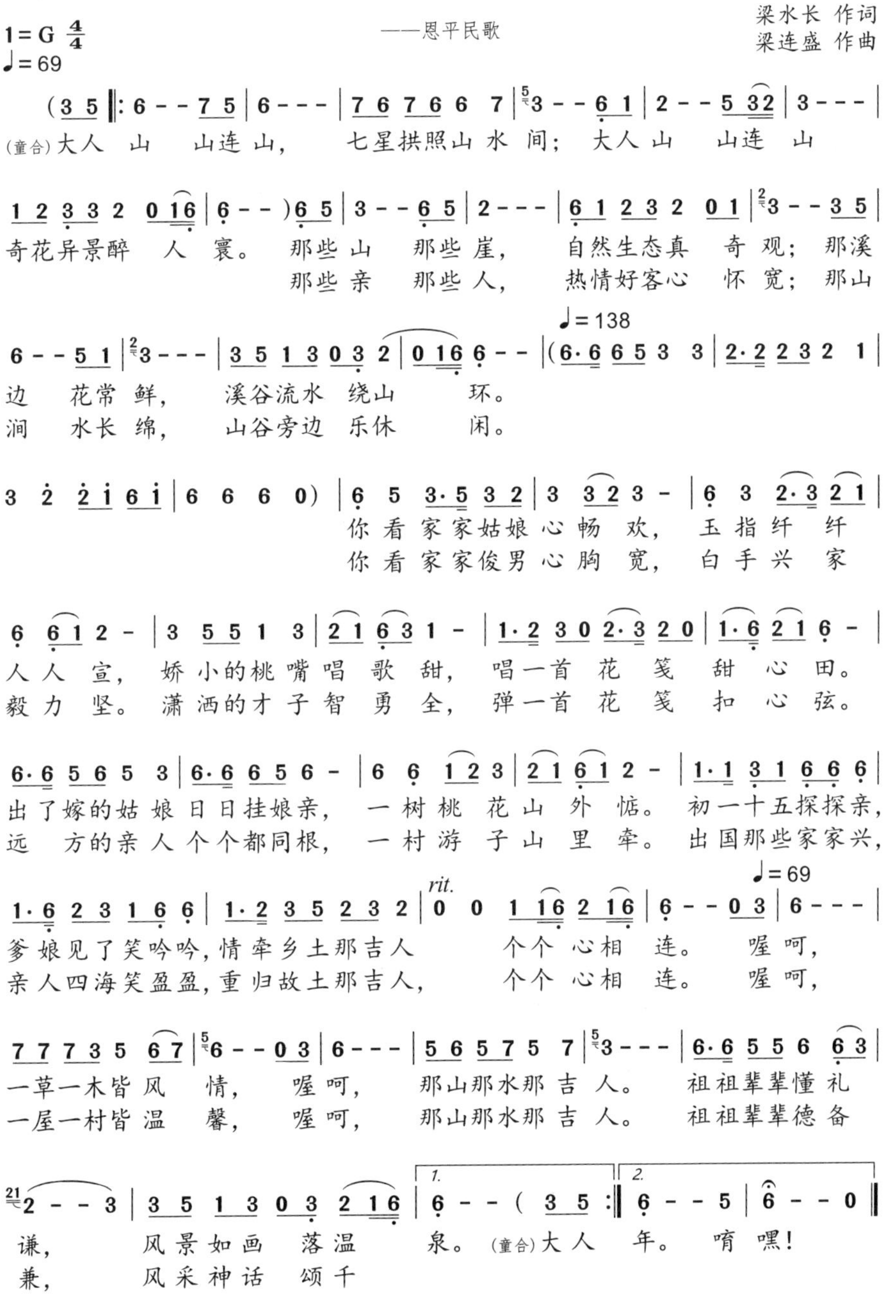

石头村

1=G $\frac{4}{4}$

作词：梁水长
作曲：冯瑞萍

（朗读：石头村，我的家乡我的亲，亲山亲水有亲人，石头村，我的美丽我的乐，乐山乐水乐人间。）

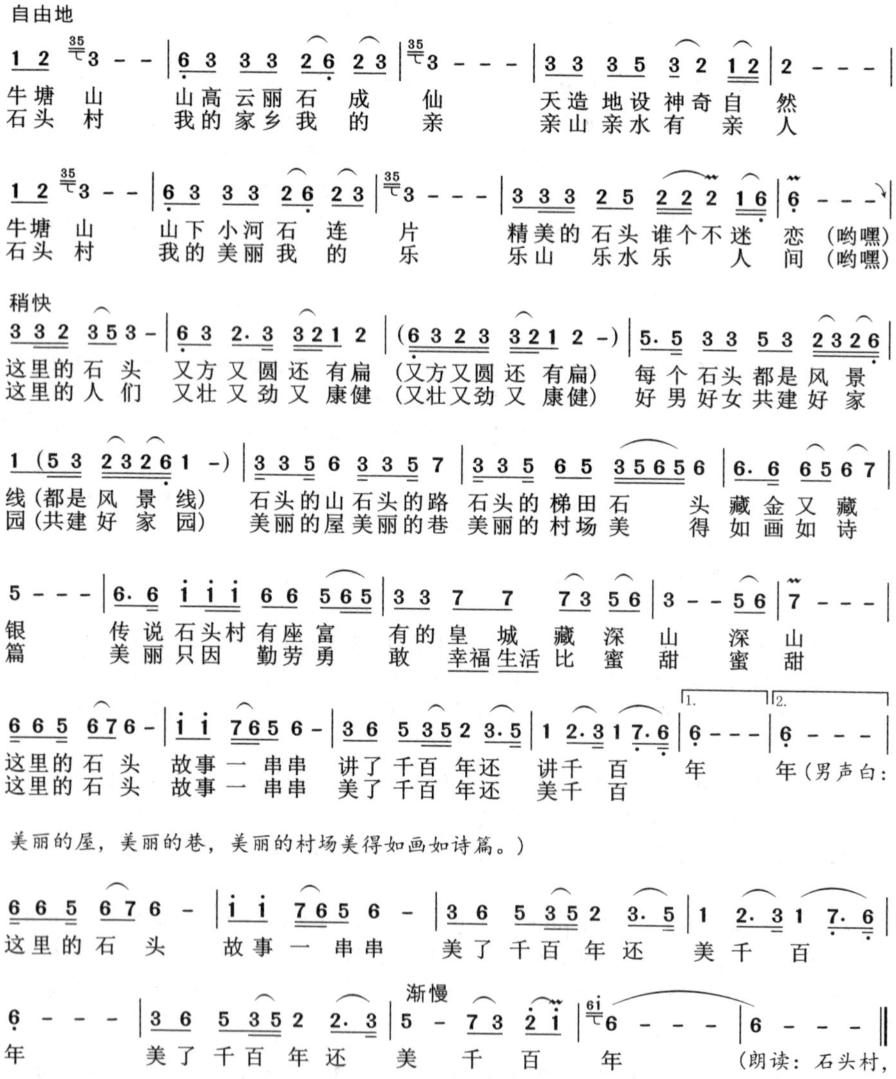

我的家乡我的亲，亲山亲水有亲人，石头村我的美丽我的乐，乐山乐水乐人间。）

后 记

本书终于付梓，是全体作者共同努力的结晶。期间本书得到恩平市政协文史委、恩平炎黄文化研究会、恩平市博物馆以及相关单位的大力支持，使写作和编辑得以顺利进行。同时本书的顺利出版还得到佛山市星腾纺织品有限公司何就源董事长的鼓励和资助。编委会对大家的辛勤劳动和付出一并表示钦敬和衷心的感谢。

本书的内容丰富，既描述了多彩的民俗文化，又画出了中国森林小镇真实的美丽图景，让读者领略到那山那水那吉人的风采。书中所记录的从风土人情到旖旎风光的故事，都是在当地世代流传，又经过作者多年收集整理而成，对保存和弘扬本地的传统文化有着重要意义，也在一定范围内和一定程度上对那文化以及广府文化的研究产生良好的作用。为此，我们深感荣幸。

让我们同心同德歌颂人杰地灵的家乡，讲好那吉故事，让淳朴善良的那吉人民的美德不断发扬光大，让那吉文化精髓流传到永远。

本书编委会

2020 年 6 月